INVESTIMENTOS
O GUIA DOS CÉTICOS

INVESTIMENTOS
O GUIA DOS CÉTICOS

Paulo Tenani ▪ Denise Menconi ▪ Mohamed Mourabet
Marcel Borelli ▪ Gustavo Jesus

Copyright © Paulo Tenani, Denise Menconi, Mohamed Mourabet, Marcel Borelli, Gustavo Jesus

Direitos desta edição reservados à
FGV EDITORA
Rua Jornalista Orlando Dantas, 9
22231-010 | Rio de Janeiro, RJ | Brasil
Tel.: 21-3799-4427
editora@fgv.br | www.editora.fgv.br

Impresso no Brasil | Printed in Brazil

Todos os direitos reservados. A reprodução não autorizada desta publicação, no todo ou em parte, constitui violação do copyright (Lei nº 9.610/98).

Os conceitos emitidos neste livro são de inteira responsabilidade dos autores.

1ª edição: 2024

Coordenação editorial e copidesque: Ronald Polito
Revisão: Sandro Gomes dos Santos e Michele Mitie Sudoh
Projeto gráfico de capa e miolo e diagramação: Ligia Barreto | Ilustrarte Design
Imagem original da capa: Freepik.com

Dados Internacionais de Catalogação na Publicação (CIP)
Ficha catalográfica elaborada pela Biblioteca Mario Henrique Simonsen/FGV

Investimentos : o guia dos céticos / Paulo Tenani... [et al.]. - Rio de Janeiro : FGV Editora, 2024.
224 p.

Inclui bibliografia.
ISBN 978-65-5652-268-5

1. Investimentos – Administração – Manuais, guias, etc. 2. Investimentos – Brasil – Manuais, guias, etc. 3. Risco (Economia) – Brasil. 4. Mercado financeiro – Brasil. I. Tenani, Paulo S. (Paulo Sérgio). II. Fundação Getulio Vargas.

CDD – 332.6

Elaborada por Márcia Nunes Bacha – CRB-7/4403

Sumário

Prefácio: A história por detrás do livro 9
  A. O Comitê de Investimento 10
  B. O portfólio 11
  C. Desafios da implementação do portfólio 13
  D. O livro e o futuro dos projetos educacionais 14

1. Introdução 15

SEÇÃO 1: O QUE VOCÊ PRECISA SABER AO INVESTIR 21

2. Investir é sobre sorte ou habilidade? 23
  A. Investindo em um "Jogo de Macacos" 26
    i. Comprando uma única "empresa" 27
    ii. Comprando algumas "empresas" 28
    iii. Comprando todas as "empresas" 29
    iv. E a melhor estratégia é… 30
  B. Investindo em um mundo que não é um "Jogo de Macacos" 32
  C. Warren Buffett é habilidoso ou sortudo? 34
  D. Conclusão 36

3. O mercado financeiro no Brasil e suas peculiaridades 39
  A. Obcecados por renda fixa 39
  B. Espectro de risco pouco profundo 40
  C. Uma filosofia de investimento incomum 42
  D. Sobrealocação em fundos Multimercados 44
  E. Oligopólio financeiro 46
  F. Retorno como porcentagem do CDI 48
  G. Rumores de mercado 49
  H. Uma percepção de risco bem particular 49
  I. Conclusão 50

SEÇÃO 2: O QUE VOCÊ DEVERIA SABER SOBRE INVESTIMENTOS, MAS NINGUÉM NUNCA TE DISSE 53

4. O que está nas notícias já está nos preços 55
  A. O perigo dos rumores 56
  B. Conclusão 57

5. **O que é ruim para o país não é necessariamente ruim para o seu portfólio** 59
   A. Diversificação: o único almoço grátis 60
   B. Conclusão 61
6. **O que você controla no seu portfólio não é exatamente o que você gostaria de controlar** 63
   A. O retorno 64
   B. A volatilidade 65
   C. A alocação dos ativos 67
   D. Conclusão 68
7. **Volatilidade não é risco** 70
   A. Transformando risco em volatilidade 71
   B. O exemplo da renda fixa: sem risco, apenas volatilidade 72
   C. Transformando volatilidade em risco 73
   D. Conclusão 74
8. **Transformando volatilidade em risco** 75
   A. Volatilidade e o braço do pêndulo 76
   B. Investidores com condições financeiras, mas não emocionais 79
   C. Investidores com condições emocionais, mas não financeiras 82
   D. Conclusão 83

SEÇÃO 3: COMO INVESTIR 85

9. **Investir é sobre construir portfólios** 87
   A. O portfólio acidental 89
   B. O portfólio eficiente 91
      i. O portfólio de mínimo risco 92
         a. O portfólio de mínimo risco e asset liability management ...93
         b. Características do portfólio de mínimo risco 94
      ii. O portfólio de risco 95
         a. Características do portfólio de risco 96
      iii. Balanceando os portfólios de mínimo risco e de risco em um portfólio eficiente 97
   C. Conclusão 100
10. **A escolha dos instrumentos** 103
    A. Instrumentos de renda fixa 106
       i. Diferenciando por emissor 106
          a. Risco de crédito 108
          b. Como escolher gestores de crédito 110
          c. Em resumo 112
       ii. Diferenciando por indexador 113

SUMÁRIO

   a. Prefixados ou indexados à inflação?..................114
   b. Em resumo..................117
  iii. Diferenciando por prazo..................118
   a. Em resumo..................120
 B. Instrumentos de renda variável..................120
 C. Investimentos alternativos..................123
 D. Conclusão..................127
11. Investindo em renda fixa..................129
 A. O investimento mais popular do Brasil..................132
 B. Investir diretamente ou através de gestores?..................133
  i. Investir diretamente..................134
  ii. Investir através de gestores..................136
 C. Conceitos principais..................137
  i. Maturidade..................138
  ii. Duration..................139
  iii. Marcação na curva versus marcação a mercado..................141
   a. Marcação na curva..................142
   b. Marcação a mercado..................143
   c. Mas qual a melhor forma de precificar a renda fixa?..................145
  iv. Como calcular a "taxa justa" de um título de renda fixa..................146
 D. Conclusão..................148
12. Investindo em ações..................150
 A. Algumas ressalvas..................152
 B. Investir diretamente ou através de gestores?..................155
  i. Investir diretamente..................155
  ii. Investir através de gestores..................156
   a. Investimentos passivos..................156
   b. Investimentos ativos..................158
 C. Como escolher gestores ativos de ações..................159
 D. O processo de investimento de ações..................160
  i. Cristalização do esforço da organização..................161
  ii. Identificação e correção de erros..................161
  iii. Restrição dos vieses comportamentais..................162
  iv. Qualidade do alpha..................162
  v. Perenização dos negócios..................162
  vi. Em resumo..................163
 E. As etapas de um processo de investimento em ações..................163
  i. Definição do universo de investimento..................164
  ii. Seleção de ativos..................164
   a. Fatores de risco..................165
   b. Pesquisa fundamentalista..................166

  c. Vieses comportamentais 166
  iii. Construção do portfólio de ações 167
  iv. A decisão de investimento 168
 F. Diferenças entre processos de investimento em ações 169
  i. Horizonte de investimento 169
   a. Horizontes mais longos 169
   b. Horizontes mais curtos 170
   c. Médio prazo 171
  ii. Sistematicidade 172
   a. Sistematicidade no processo de seleção de ativos 172
   b. Sistematicidade no processo de tomada de decisão 172
  iii. E o melhor processo de investimento em ações é..... 173
 G. Qualidades e defeitos dos gestores de ações 173
  i. Qualidades de um gestor de ações 173
   a. Entender a qualidade do passivo e as restrições do mandato... 174
   b. Conhecer os fatores de risco em cada ativo e no portfólio 175
   c. Consciência dos vieses comportamentais 175
   d. Proporcionar um ambiente participativo 177
  ii. Defeitos de um gestor de ações 177
 H. Conclusão 178
13. Fatores e o portfólio de risco 180
 A. O modelo de fatores 181
 B. Explicando os fatores através de nutrientes 183
 C. Seriam os fatores de risco verdadeiramente prêmios de risco? 184
 D. Fatores de risco e fatores comportamentais 185
 E. Prêmios de risco em investimentos tradicionais e alternativos 187
 F. Fatores e construção de portfólios 188
  i. Um exemplo prático: gestores Macro Global 190
 G. Fatores de risco e investimentos temáticos 193
  i. Os riscos dos investimentos temáticos 194
 H. Conclusão 196

14. Conclusão 198

Agradecimentos 201
Sobre os autores 205
Referências 207
Índice 215

PREFÁCIO
A história por detrás do livro

O livro *Investimentos: o guia dos céticos* é uma importante contribuição para a vasta literatura que procura ensinar ao leitor como se deve investir. É um livro que, como bem dizem seus autores, se encontra no meio do caminho entre aqueles escritos por profissionais de mercado, muitas vezes mais preocupados em ensinar como "achar aquele ativo bom e barato, que vai subir de preço, mas que, INACREDITAVELMENTE, ninguém ainda descobriu", e os livros acadêmicos, muito mais profundos, porém de leitura mais difícil. Por sua vez, o *Guia* é, antes de tudo, um livro que trata de conceitos; conceitos estes que são muito importantes de conhecer na hora de investir.

Por exemplo: você sabia que a aleatoriedade é a força dominante nos mercados financeiros? Que o investidor não controla aquilo que gostaria de controlar nos seus investimentos? Que volatilidade NÃO é risco mas que alguns erros podem transformar volatilidade em risco? Ou que investir é uma atividade prosaica, mais próxima de um monótono processo disciplinado do que da busca excitante por ativos bons e baratos?

Estes são alguns entre os muitos conceitos ensinados neste livro; conceitos estes que não são tipicamente abordados na literatura tradicional e que, como dizem os autores, "são as histórias não contadas do mercado financeiro".

Este prefácio trata justamente da "história" por detrás do livro. Uma história relacionada com dois projetos educacionais do Centro FGVInvest da Escola de Economia de São Paulo da Fundação Getulio Vargas (FGV EESP) com os quais tenho o prazer de contribuir: o Comitê de Investimento da CJE e o portfólio CJE-FF.

Estes dois projetos resultaram, em 2015, no livro *Armadilhas de investimento*, e agora, celebrando os 10 anos do portfólio CJE-FF, trazem este novo livro, que considero bastante inovador, dedicado aos conceitos que são necessários saber na hora de investir. Nas linhas seguintes vou contar um pouco da minha experiência com estes projetos educacionais do FGVInvest e como eles serviram de laboratório para uma melhor compreensão do que é discutido neste livro.

A. O Comitê de Investimento

Comecemos com o Comitê de Investimento da CJE.

A sigla CJE significa Consultoria Junior de Economia da FGV, uma associação estudantil com alunos entre o 1º e o 3º ano da Faculdade, que participa ativamente dos projetos educacionais.

Foi em 2012 que comecei a participar esporadicamente dos Comitês de Investimento como convidado do professor Tenani — que havia iniciado tal Projeto com a CJE em maio de 2009.

As reuniões eram sempre muito divertidas, pois tinham uma dinâmica descontraída. Porém, ao mesmo tempo, além do foco acadêmico, expunham os alunos às situações típicas reais de um ambiente profissional de banco ou gestora de investimentos.

Tudo, na verdade, era muito interessante. Os alunos apresentavam diversos portfólios-modelo, com alocações em diferentes classes de ativos, e propunham mudanças táticas periódicas em suas alocações (*under/neutral/overweight*). As fundamentações dos alunos para os passos táticos geravam boas discussões, quase sempre provocadas por algum professor ou convidado externo, até que as propostas fossem aprovadas (ou não) por consenso.

Tais movimentações, caso aprovadas, eram então monitoradas por planilhas Excel onde se faziam as aferições de desempenho e das contribuições dos passos táticos em relação ao portfólio-modelo.

Era uma excelente iniciativa e cumpria muito bem o papel de trazer um pouco de uma experiência profissional do mundo de gestão de investimentos para os alunos da FGV EESP — ainda dentro do ambiente acadêmico.

Porém, ao longo do tempo, eu comecei a pensar em novas formas de trazer mais realidade para os Comitês de Investimento, pois me lembrava dos meus tempos de estudante de engenharia mecânica onde o curso oferecia poucas oportunidades de experimentar a aplicação da teoria em prática.

Como na época eu estava à frente de uma corretora de títulos e valores mobiliários, acreditava que seria possível viabilizar um portfólio financeiro de verdade, para trazer, de fato, a experiência prática aos alunos e novos desafios para os Comitês. Faltava apenas definir o como, o quando, o quanto e, principalmente, convencer o professor Tenani.

B. O portfólio

As primeiras conversas sobre o que seria o portfólio CJE-FF começaram de forma despretensiosa durante um almoço que combinávamos regularmente para colocar a conversa em dia e relembrar as histórias dos nossos velhos tempos como colegas no mercado financeiro. Não demorou muito para que a empolgação com a ideia gerasse novos encontros até a decisão final de seguir em frente.

Escolhemos na época o Clube de Investimento como o melhor veículo para um portfólio coletivo, com uma regulamentação padrão complementada por um mandato específico definido em conjunto com os alunos.

Assim, em 5 de julho de 2013, nasceu o portfólio CJE-FF, um Clube de Investimentos com alguns poucos investidores, com o objetivo de estimular o aprendizado de finanças, macroeconomia e métodos quantitativos, testar novas ideias e permitir aos alunos do 1º, 2º e 3º anos da FGV um pouco da vivência do dia a dia da gestão de investimentos.

O portfólio estratégico seria construído anualmente, durante um estágio de férias oferecido em julho, mas a gestão tática do portfólio, assim como a prestação de contas aos investidores, seria feita semanalmente durante o Comitê de Investimento da CJE-FF. Tudo sob supervisão dos professores e pesquisadores do FGVInvest; e minha, como representante dos investidores do portfólio.

Ainda me lembro bem do primeiro portfólio: uma versão simples do modelo de três fatores de Fama e French com uma alocação uniforme entre os ativos selecionados. Foi em julho de 2013, poucos meses antes de Eugene Fama receber o Prêmio Nobel. Hoje já estamos no 12º Portfólio CJE-FF e o aprendizado foi enorme.

Para cada um dos vários portfólios construídos, é possível notar uma clara evolução tanto da sofisticação quanto da abrangência dos investimentos. Novos fatores de risco foram sendo introduzidos (primeiro 3, depois 4, depois 5 fatores)[1] assim como novas técnicas de otimização de portfólio — *equally weigthed*,[2] mínimo risco, Markowitz, *risk parity*[3] —, tudo melhorando sensivelmente o desempenho do portfólio ajustado ao risco.

O portfólio CJE-FF também acompanhou a maior oferta de ativos listados na B3, evoluindo para uma característica *multi-asset class*. A parcela de renda fixa possui uma estratégia específica com alocações em papéis (ou ETFs) prefixados, pós-fixados ou indexados à inflação. Em renda variável, já temos alocações em ETFs internacionais e até em derivativos para proteção da carteira — em adição à alocação em fatores de risco no mercado de ações brasileiro.

Também me lembro que, inicialmente, os rebalanceamentos do portfólio eram feitos apenas esporadicamente deixando a carteira praticamente estática; salvo por algum desenquadramento passivo ou evento inesperado. Hoje a gestão é muito mais dinâmica e os alunos trazem *trading ideas* táticas sugerindo trocas, aumentos ou reduções de alocações de ativos de acordo com modelos de precificação, o cenário macroeconômico ou algum item específico de uma empresa do portfólio.

Várias safras de alunos participaram destes dois projetos educacionais — o Comitê de Investimento e o portfólio CJE-FF. Muitos se identificaram com o mercado de capitais e de investimentos e até seguiram carreira na área. Outros não gostaram tanto e aca-

---

[1] Sobre o CAPM e o modelo de fatores de Fama e French, ver Esposito (2016b) e Franco Filho (2017).
[2] Sobre as propriedades do portfólio 1/N ou *naive diversification*, ver Esposito (2016a).
[3] Sobre as propriedades da *risk parity*, ver Cintra (2017b).

baram seguindo outros rumos profissionais. Em ambos os casos, creio que estes dois projetos têm ajudado bastante nesta difícil tarefa de autoconhecimento dos alunos, permitindo uma transição mais suave do ambiente acadêmico para o mundo profissional.

C. Desafios da implementação do portfólio

Colocar as diferentes teorias de investimento em prática resultou em inúmeros desafios e uma importante oportunidade de aprendizado, tanto para os alunos quanto para os pesquisadores do FGVInvest e os investidores do portfólio. Muitos destes aprendizados cruzaram do campo acadêmico para o profissional e alguns são discutidos neste livro.

A seguir, enumero vários dos problemas práticos com que os alunos da FGV se defrontaram tanto na implementação quanto na gestão do portfólio CJE-FF:

i) definição da estratégia para a implementação do portfólio
ii) atenção à qualidade da execução das operações de compra e venda de ativos
- ativos com baixa liquidez
- *spreads* largos (ou "boca de jacaré")
- preços executados em relação ao intervalo de cotações do dia
- erros operacionais
iii) observação dos custos de transação
iv) enquadramento do portfólio conforme o regulatório e o mandato específico do portfólio CJE-FF
v) política para eventos corporativos
- bônus de subscrição
- dividendos
- tratamento de agrupamentos
- desdobramentos
- fusões
vi) simplificação operacional de passos táticos para renda variável e renda fixa

Transitar entre a teoria e a prática de investimentos tem sido uma experiência única. Observar conceitos explicados em sala de aula funcionando no dia a dia e entender as dificuldades na implementação prática das teorias acadêmicas são um aprendizado importante. O livro *Investimentos: o guia dos céticos* é o resultado disso e usa uma linguagem fácil e acessível para explicar muito do que aprendemos com estes projetos educacionais.

D. O livro e o futuro dos projetos educacionais

Pela minha ótica como mero investidor e apoiador destes projetos educacionais do FGVInvest, a experiência tem sido muito gratificante. Acompanhei de perto a evolução dos projetos, aprendi com erros e acertos, conheci muitos alunos talentosos de diversas safras e ainda por cima recebi, como investidor, um excelente desempenho — mesmo em meio a cenários desafiadores e diversas crises.

Este livro traz muito do que nós todos aprendemos nestes 10 anos de CJE-FF. Posso dizer que não foi pouco. O livro também é uma importante sequência ao *Armadilhas de investimento*, publicado em 2015 e que focava nos principais erros cometidos pelos investidores. Porém, o *Guia* é um livro sobre o que é correto fazer ao investir. Espero que os leitores apreciem a leitura tanto quanto eu apreciei.

Olhando para o futuro, fico bastante animado pois existem caminhos naturais para a evolução destes projetos educacionais. Um dos principais desafios é atender ao crescente potencial de cobertura de ativos uma vez que há diversas limitações impostas pelo veículo de investimento atual. A evolução do portfólio CJE-FF para um fundo de investimento é um caminho natural que trará acesso a mercados e ativos que atualmente são vedados aos clubes de investimento — em benefício de um maior aprendizado dos alunos. Acho que será um bom tema para o meu próximo almoço despretensioso com o professor Paulo Tenani.

Neste meio-tempo, aproveitem a leitura.

Caio Weil Villares

1
Introdução

Existe um velho ditado no mercado financeiro que diz que, antes de qualquer investimento, você deve sempre se perguntar: "Quem é que está sendo enganado?". Se por acaso você não souber responder, quem está sendo enganado é você.[4]

Assustador, não? Pois deveria ser. O mundo dos investimentos não é para os desavisados.

Na verdade, assim como acontece com vários outros mercados, o mercado financeiro é caracterizado por "assimetria informacional"; um nome difícil, utilizado pelos economistas para descrever situações em que os "praticantes de uma certa atividade possuem uma vantagem informacional sobre os não praticantes".

O exemplo mais famoso é o do mercado de carros usados — o *Market for Lemons* — que rendeu a George Akerlof (1970) o Prêmio Nobel de 2001. Nele, o comprador de um carro usado não sabe se aquele carro em que está interessado é um *lemon* (limão em português, representando um carro ruim) ou um *peach* (pêssego em português, representando um carro bom). Mas o vendedor sabe. E pode usar esta assimetria informacional em benefício próprio, vendendo o carro ruim pelo preço do carro bom. Coitado do comprador!

Assimetria informacional é algo que existe em profusão no mercado financeiro. Quem está dentro sabe muito mais do que

---

[4] Aqui no Brasil, o ditado tem uma linguagem bem mais coloquial e diz que: "Se você não sabe quem é o pato, o pato é você". Esta frase, na verdade, é atribuída ao megainvestidor Warren Buffet. Ver Lewis (1989:42): "O astuto investidor Warren Buffet gosta de dizer que qualquer jogador que não conheça o tolo do mercado provavelmente é o tolo do mercado" (tradução dos autores).

quem está fora do mercado. Alguns exemplos são ilustrativos. Os controladores de uma empresa sabem se o balanço da empresa está fraudado ou não. Já os investidores não têm a menor ideia. A mesma coisa acontece com uma incorporadora que quer se livrar de um shopping center mal localizado e o empacota em um fundo imobiliário.

Estes são apenas dois exemplos que retiramos do noticiário recente. Mas existem inúmeros outros; todos ilustrando que, sem o devido cuidado, investir é uma atividade bastante arriscada. Na verdade, uma boa dose de desconfiança — ou ceticismo — é saudável para qualquer um que participe de um mercado com este nível de assimetria de informação.

Mas existem também aspectos positivos. O mercado financeiro já é suficientemente desenvolvido para ter o que os economistas chamam de *counteracting institutions*, ou "instituições neutralizadoras", que protegem o investidor e mitigam a assimetria informacional. Este é o papel de agências de classificação de risco, das consultorias financeiras, dos *family offices*, das *Chinese walls* e da autorregulação, entre várias outras instituições.

Sem estas instituições, os pequenos investidores simplesmente não entrariam no jogo e o mercado financeiro seria ainda muito pequeno; no Brasil, possivelmente do tamanho que foi na década de 1980, quando era dominado por alguns poucos "tubarões" que chegaram, inclusive, a quebrar a bolsa de valores do Rio de Janeiro.[5]

Vários mercados, também repletos de assimetria informacional, mas que ainda não criaram estas instituições — entre eles o mercado de arte —, terão que, um dia, eventualmente, superar estas barreiras e criar suas próprias *counteracting institutions*, para poderem crescer em toda sua potencialidade.

Apesar das *counteracting institutions* e de todos estes aspectos positivos, ainda cabe um alerta para quem quiser investir: é impor-

---

[5] O mercado financeiro no Brasil, como o episódio da quebra da bolsa de valores do Rio de Janeiro bem ilustra, foi formado a ferro e fogo. Por este motivo ele acaba sendo muito mais regulado — algumas pessoas diriam "engessado" — do que o internacional. Por outro lado, em certo sentido, ele oferece maior segurança ao investidor. Este é o tema do capítulo 3.

tante estar suficientemente informado para, pelo menos, conseguir identificar quem está sendo enganado; e garantir que esta pessoa não seja você.

Este livro é um passo nesta direção e discute o que é preciso saber ao investir. Ele é um guia para os investidores céticos.[6]

O livro é dividido em três seções principais.

A primeira, "O que você precisa saber ao investir", cobre dois tópicos essenciais: a aleatoriedade inerente ao mundo dos investimentos e as características do mercado financeiro do Brasil.

A aleatoriedade — o papel da sorte e do azar — permeia todo o mundo dos investimentos e encobre muito do que há de bom e do que há de ruim. Na verdade, a aleatoriedade é tão dominante que, sem os devidos cuidados, pode-se levar uma década para que um negócio ruim seja identificado. Existe muito de sorte e azar no mercado financeiro, e isso deve ser levado em consideração por qualquer investidor.

Por outro lado, o mercado financeiro no Brasil tem inúmeras particularidades que o fazem, em certos aspectos, distinto dos mercados globais. O próprio investidor brasileiro é muito peculiar e investe de uma maneira que investidores americanos, europeus e latino-americanos, inclusive, poderiam achar, no mínimo, curiosa. Ao investir, é importante entender estas particularidades e como elas afetam a construção dos portfólios e a escolha dos instrumentos.

A segunda seção do livro, "O que você deveria saber sobre investimentos, mas ninguém nunca te disse", é a seção das verdades não ditas. Todos os mercados têm as suas verdades não ditas, e o mercado financeiro não é diferente.

A primeira destas verdades não ditas está no capítulo 3, que ilustra que investir com um olho nas notícias do dia a dia não é uma boa estratégia. Pior, pode ser até mesmo perigoso. Obviamen-

---

[6] O canal do professor Ricardo Rochman no YouTube e o site Investnews do professor Samy Dana são duas referências importantes para vários dos tópicos a serem analisados. O nome do canal do professor Rochman, por sinal, *Incrédulo Financeiro*, ilustra uma atitude com relação à prática de investimentos que é muito parecida com aquela expressa neste livro. Outras boas referências são os livros de Miranda e Mioto (2020) e de Guterman (2021; 2022).

te, ao se inteirar das notícias você se torna uma pessoa mais bem informada. Mas é importante saber que isto não te faz um melhor investidor.

A segunda verdade não dita, discutida no capítulo 4, é ainda mais curiosa: o que é ruim ou bom para o país não é necessariamente ruim ou bom para os seus investimentos. Pelo menos deveria ser assim para quem investe "eficientemente". Neste sentido, é importante não misturar as coisas, sob o risco de tomar-se péssimas decisões de investimento.

O capítulo 5 trata daquilo que o investidor consegue, ou não consegue, controlar em seus investimentos. Pois saiba que o que pode ser controlado não é exatamente aquilo que o investidor gostaria de controlar; mas, sim, algo muito diferente. Em vez de se frustrar, talvez seja melhor aceitar logo a realidade e focar no que é possível fazer, e não no impossível.

Já os capítulos 6 e 7 tratam da volatilidade, um dos conceitos mais citados e menos compreendidos no mundo dos investimentos. "Volatilidade NÃO é risco", mas pode ser transformada em risco, se alguns erros forem cometidos. Estes dois capítulos são um alerta sobre estes erros.

A terceira seção do livro trata sobre "Como investir". E aqui existe um roteiro ou, como se diz no mercado, um processo de investimento. Investir é sobre saber diversificar e sobre construir portfólios. Investir não é, como comumente apregoado, "achar aquele ativo bom e barato, que vai subir de preço, mas que, INACREDITAVELMENTE, ninguém ainda descobriu".

Construir bons portfólios talvez seja a atividade mais importante do mundo dos investimentos. E isto requer uma dose de autoconhecimento, que poucos investidores estão dispostos a ter. Na verdade, autoconhecimento é o primeiro passo para saber que não é você que está sendo enganado.

Este é o tema do capítulo 8, que também traz um alerta: o portfólio acidental, "aquele amontoado de coisas que alguém ligou oferecendo para vender e o investidor simplesmente comprou" — sem nenhum critério. O portfólio acidental é o portfólio da maior parte dos investidores; e de "eficiente" ele não tem nada!

Os capítulos 9, 10, 11 e 12 tratam de vários dos instrumentos disponíveis no mercado financeiro e da melhor maneira de utilizá-los. Cada instrumento tem suas características específicas e, inclusive, alguns são feitos sob medida para cumprir determinadas funções. Colocar os instrumentos certos nas funções apropriadas é outra atividade valiosa para o ato de investir. Pode não ser tão divertido quanto discutir o noticiário político e o cenário econômico, mas, com certeza, é muito mais importante para o desempenho do seu investimento.

O capítulo 13, por sua vez, trata de algumas das mais recentes extensões dos modelos de precificação e como elas afetam a construção de portfólios. Em particular, fatores de risco são um desenvolvimento recente dos mais importantes, e sua introdução no processo de construção de portfólios permite metas de retorno mais precisas e maior aderência aos perfis de risco.

***

Explicada a estrutura do livro, existem ainda dois pontos a serem feitos.

O primeiro é que este livro trata do que é importante saber ao investir. Ele não trata das armadilhas que estão por aí ameaçando o investidor. Este já foi o tema de uma publicação anterior, o livro *Armadilhas de investimento*, de 2015, que deve ser visto como um livro complementar a este. Recomendamos a leitura.

A título de ilustração, segundo o *Armadilhas de investimento*, as cinco principais armadilhas a que um investidor está exposto talvez sejam: (i) não atentar para o risco operacional; (ii) desconsiderar riscos ocultos; (iii) não dar a devida atenção aos conflitos de interesse; (iv) não investir com disciplina; e (v) tomar risco de graça.

Em segundo lugar, este livro procura preencher uma lacuna entre os vários livros de autoria dos participantes do mercado financeiro, e os livros acadêmicos escritos por professores.

Na verdade, os livros escritos pelos participantes do mercado tendem a focar na parte operacional e têm como objetivo deixar o investidor pronto para começar a investir. Estes livros devem ser consultados e, ao longo dos próximos capítulos, traremos algumas ótimas referências.

Por outro lado, os livros acadêmicos são aqueles utilizados como livros-texto nos cursos de graduação e pós-graduação. Eles aprofundam os tópicos, ensinam a matemática, usam gráficos interessantíssimos e são essenciais para qualquer um que queira se tornar um especialista. Vários destes livros serão recomendados nos capítulos a seguir. Para quem tiver tempo e vontade de aprender, eles valem muito a leitura.

Este livro procura ser um meio-termo entre estas duas literaturas, a dos participantes do mercado e a acadêmica. E ao ficar neste meio do caminho ele tem algumas vantagens. Este é um livro que foca em conceitos, e não na parte operacional ou no aprofundamento dos tópicos. São justamente estes conceitos que irão permitir ao investidor identificar "quem está sendo enganado" no jogo dos investimentos.

Além do mais, o livro se beneficia de uma junção de acadêmicos com investidores de diferentes áreas do mercado. Todos com muitas décadas de estudo e experiência, com vivência em diversas áreas do mundo dos investimentos e em diferentes países. Estes são os coautores do livro. Foi, portanto, um livro escrito a várias mãos. Esperamos que isto também seja um diferencial e que resulte em uma leitura proveitosa.

***

As opiniões expressas neste livro são responsabilidade dos autores e não necessariamente refletem as opiniões, políticas ou diretrizes das empresas em que atuam, as quais não endossam nem se responsabilizam pelo conteúdo deste livro.

SEÇÃO 1:
O que você precisa saber ao investir

Investir requer, antes de tudo, saber lidar com a aleatoriedade. Prever o retorno dos ativos financeiros, pelo menos no curto prazo, tem se mostrado uma atividade tão difícil quanto prever o resultado de um jogo de cara ou coroa.

Obviamente, nem tudo é sorte e azar e existem habilidades e vieses que podem ser explorados. Porém, a aleatoriedade é a força dominante no mundo financeiro e isto tem implicações importantes sobre a forma como se deve investir.

Para o investidor, é importante se conscientizar o mais rápido possível, sob o risco de acabar por ter uma visão demasiadamente ingênua do mundo dos investimentos e perseguir missões impossíveis.

O papel da aleatoriedade no mundo dos investimentos é o tema do capítulo 2, "Investir é sobre sorte ou habilidade?", que explora uma das alegorias mais fascinantes do mercado financeiro, a do "Jogo de Macacos".

Por sua vez, o capítulo 3, "O mercado financeiro no Brasil e suas peculiaridades", trata do ambiente dos investimentos aqui no Brasil.

É um ambiente bastante peculiar! Especialmente quando comparado com aquele dos países desenvolvidos. Muitas destas peculiaridades acabam por afetar a oferta de instrumentos financeiros e as próprias estratégias de investimento, entre várias outras consequências discutidas no capítulo.

Como diz o velho ditado, atribuído ao compositor Tom Jobim, "o Brasil não é para principiantes".

2
Investir é sobre sorte ou habilidade?

Uma das histórias mais fascinantes[7] contadas por participantes do mercado financeiro diz respeito a uma fala do megainvestidor Warren Buffett (1984), na Columbia Business School, em 1984. Buffett participava da celebração do aniversário de 50 anos da publicação do livro *Security analysis*, de Benjamin Graham e David Dood (1962), e utilizou uma analogia bastante curiosa para explicar o papel da sorte e do azar no mundo dos investimentos. Na verdade, a analogia tratava de um jogo de cara ou coroa entre um grupo de macacos,[8] e ficou conhecida no mercado pela denominação de "Jogo de Macacos". A história segue mais ou menos assim.

Considere uma população de aproximadamente um milhão de macacos[9] jogando cara ou coroa. Para cada um destes macacos é dado o valor de 10 mil reais para apostar no jogo. Aqueles macacos que vencem no cara ou coroa recebem todo o dinheiro do macaco derrotado e seguem para a próxima rodada. O macaco derrotado, por sua vez, é eliminado do jogo.

---

[7] A história do "Jogo de Macacos" foi também utilizada por Michael Jensen neste mesmo Seminário em Columbia. Uma segunda história marcante ilustrando o papel da sorte e da habilidade no mundo dos investimentos é o pequeno artigo — na verdade uma parábola — de William Sharpe, "The Parable of Money Managers". Aqui, em vez de um jogo de cara ou coroa, o autor usa a analogia de um Cassino.
[8] Na verdade, Buffett fala de orangotangos e não de macacos. Mas os autores ouviram pela primeira vez a história na forma de macacos e a repetem aqui.
[9] O número exato para que, até a última rodada (a 20ª), sempre exista um número par de macacos jogando cara ou coroa é de 1.048.576 macacos (um milhão, quarenta e oito mil, quinhentos e setenta e seis macacos, ou 2 elevado a 20), que será o número de macacos utilizados para os cálculos necessários para este capítulo.

INVESTIMENTOS

Na segunda rodada sobram 500 mil[10] macacos jogando cara ou coroa, cada um deles com um patrimônio de 20 mil reais. Na terceira rodada, serão 250 mil macacos, com 40 mil reais cada. E assim por diante.

Depois de 10 rodadas (isto é, na 11ª rodada) existirão bem menos macacos participando do jogo — na verdade, apenas 1.024 —, mas serão todos macacos milionários, cada um com patrimônio superior a 10 milhões de reais. Mais ainda, o desempenho destes macacos terá sido simplesmente invejável: 10 vitórias consecutivas no cara ou coroa!

Após a 17ª rodada sobraram apenas oito macacos no jogo. Todos eles bilionários![11] Então, diversos especialistas escreverão livros discutindo as estratégias seguidas pelos macacos para conquistar estas 17 vitórias consecutivas — um desempenho, sem sombra de dúvida, impressionante!

Alguns dos especialistas irão constatar que um dos macacos sempre fechava os olhos antes de lançar sua moeda ao ar, enquanto o outro coçava a cabeça com sua mão esquerda. Cada um destes macacos bilionários terá também um séquito de admiradores que estudarão profundamente todos os detalhes do ato de lançar a moeda ao ar destes macacos — com o objetivo de aplicar a estratégia em seus próprios jogos de cara ou coroa. Afinal, ganhar no jogo por 17 rodadas consecutivas só pode ser resultado de uma habilidade excepcional, nunca apenas de sorte, certo?

Por fim, terminada a 20ª rodada, restará apenas um único macaco no jogo. E ele terá uma fortuna superior a R$ 10 bilhões,[12] resultado de 20 vitórias consecutivas. Este macaco será então saudado como o investidor do século, chamado de megainvestidor e será capa dos principais jornais e revistas especializados. Novas "teorias

---

[10] Com 1.048.576 macacos jogando cara ou coroa na primeira rodada, o número exato para a segunda rodada do jogo seria de 524.288 macacos.
[11] Depois de 17 rodadas, cada um dos oito macacos restantes no jogo terá um valor de R$ 1.310.720.000 (um bilhão, trezentos e dez milhões, setecentos e vinte mil reais).
[12] Mais precisamente, o macaco bilionário terá R$ 10.485.760.000 (dez bilhões, quatrocentos e oitenta e cinco milhões, setecentos e sessenta mil reais).

acadêmicas" surgirão sobre a maneira especial de este macaco jogar cara ou coroa, e muito do conhecimento científico sobre o jogo será redefinido. Por fim, a biografia do macaco "megainvestidor" será lançada, para rapidamente tornar-se um sucesso de vendas — um verdadeiro *best-seller*!

A analogia de Warren Buffett entre o "Jogo de Macacos" com o mundo dos investimentos é bastante ilustrativa. Afinal, prever o retorno dos ativos financeiros tem se mostrado uma atividade tão difícil quanto prever o resultado de um jogo de cara ou coroa. Mas existem também outras similaridades importantes. Por exemplo, o papel de sorte e azar é determinante, seja no "Jogo de Macacos", seja no mundo dos investimentos. Em outras palavras, aleatoriedade é algo com que se deve atentar tanto para quem joga cara ou coroa quanto para quem investe dinheiro.

Além do mais, o "Jogo de Macacos" ilustra com força a possibilidade de perdas — pois todos os macacos, menos um, perdem a totalidade do seu patrimônio. No mundo financeiro, com os devidos cuidados, a possibilidade de perdas pode ser mais bem controlada. Mas perder dinheiro faz parte do jogo, seja no cara ou coroa, seja no mundo dos investimentos. Portanto, é importante estar preparado.

Porém, existem também diferenças importantes. Por exemplo, no mundo dos investimentos, o retorno final do jogo está sempre mudando — e não é constante como acontece no "Jogo de Macacos".[13] Em segundo lugar, no mundo dos investimentos, a participação não é obrigatória e o investidor pode sair do jogo a qualquer rodada. Mais ainda, o investidor aposta apenas o que quer e não todos os seus recursos, como acontece no "Jogo de Macacos".

Em quarto lugar, no mundo dos investimentos as "moedas" — ou instrumentos financeiros — têm características diferentes e são lançadas ao ar nas mais diversas condições, o que, muitas vezes, resulta em vieses; com a probabilidade de dar cara, para algumas

---

[13] No "Jogo de Macacos" que usamos como ilustração neste capítulo, se todas as vezes começarmos com 1.048.576 macacos, cada um com R$ 10.000, o valor final em jogo é sempre R$ 10.485.760.000.

moedas, ser maior (ou menor) do que para outras.[14] Por fim, no mundo dos investimentos, os macacos são, na verdade, investidores. E investidores bastante racionais e capacitados, que consistentemente estimam o retorno do jogo, seus vieses e decidem ou não participar da rodada e o quanto apostar.

Mas quão importantes são as similaridades entre o "Jogo de Macacos" e o mercado financeiro, e quão importantes são as diferenças?

A resposta para esta pergunta ainda não está definida e vem mudando bastante ao longo das diferentes décadas. De uma maneira geral, pode-se dizer que os acadêmicos tendem a achar as similaridades mais importantes, enquanto os profissionais de investimento tendem a enfatizar as diferenças. Porém, nos últimos anos, as similaridades entre o "Jogo de Macacos" e o mercado financeiro têm recebido maior destaque.

Pois então fica aqui a questão: como é possível investir se o mercado financeiro for um "Jogo de Macacos"? É sobre isto que trata a próxima seção.

A. Investindo em um "Jogo de Macacos"

Suponha que cada um dos macacos no jogo de moedas descrito anteriormente tenha o nome de uma empresa listada na bolsa de valores. Por exemplo, o primeiro poderia se chamar Petrobras, o segundo Vale, o terceiro Itaú e assim por diante. Neste caso, cada uma destas "empresas" possuiria um capital de R$ 10.000 — o valor dado para cada macaquinho apostar no jogo de moedas.

Note que, como são mais de um milhão de "empresas" participando do jogo, o valor deste mercado seria superior a R$ 10 bilhões, um montante considerável. Assim, pode-se dizer que o "Jogo de Macacos" é um daqueles mercados em que vale a pena estar exposto para poder, quem sabe, compartilhar dos ganhos.

---

[14] Existem ativos que pagam um prêmio de risco maior (por exemplo, investimentos em ações) enquanto outros pagam um prêmio de risco menor (por exemplo, renda fixa).

Mas como investir em um jogo em que tudo é sorte ou azar? Como compartilhar dos ganhos futuros deste "mercado"?

Nas linhas seguintes, consideramos três tipos de estratégias de investimentos que podem ser utilizadas no "Jogo de Macacos": (i) um portfólio concentrado em uma única "empresa"; (ii) um portfólio diversificado entre várias "empresas"; (iii) e, finalmente, um portfólio superdiversificado, com todas as "empresas" do mercado. E o investidor tem R$10.000,00, o valor inicial de uma empresa, para investir neste jogo.

i. Comprando uma única "empresa"

A estratégia de comprar uma única "empresa" parece, à primeira vista, ser arriscada demais: a "empresa" investida pode perder no cara ou coroa em qualquer uma das próximas rodadas e passar a valer zero. Todo o investimento seria perdido!

No entanto, existe também um lado positivo. Se, por acaso, a "empresa" investida for justamente "A" empresa certa — aquela "única" empresa entre as mais de 1 milhão a vencer as vinte rodadas —, o ganho será potencialmente enorme. Seria como "tirar a sorte grande": investir em uma Apple ou uma Google quando estas empresas ainda eram empresas de garagem, meras *start-ups* desconhecidas!

Alguns cálculos são ilustrativos dos prós e contras de concentrar o investimento em uma única "empresa". Por exemplo, neste "Jogo de Macacos", o valor esperado de cada uma das várias "empresas" é de exatamente R$ 10.000.

O que acontece é que daqui a 20 rodadas qualquer uma das "empresas" terá uma probabilidade de 99,9999% de valer zero e uma probabilidade de 0,0001% de valer mais de R$ 10 bilhões. Faça os cálculos: o valor esperado é exatamente de R$ 10.000.

Porém, a vantagem, ou desvantagem, desta estratégia de superconcentração é justamente a disparidade dos resultados: o investidor pode terminar sem nada ou com uma fortuna. Não existe meio-termo! Neste sentido, a estratégia de concentrar em uma única empresa talvez seja a apropriada para aqueles investidores cujo objetivo é o de ficar o mais rico possível e que, além do mais, não se importem em perder aqueles R$ 10.000 do investimento inicial.

ii. Comprando algumas "empresas"

Outra solução, intermediária, seria investir em várias "empresas", por exemplo 50% delas, comprando apenas um pedacinho de cada uma. Em outras palavras, usando a terminologia de finanças, construir um portfólio.

No caso específico deste "Jogo de Macacos", quanto mais "empresas" o investidor comprar, e mais diversificado for o portfólio, maior a probabilidade de ele compartilhar do ganho final — aqueles mais de R$ 10 bilhões. A contrapartida é que, ao espalhar seu investimento por várias empresas, menor será a participação do investidor neste ganho. Ou seja, como tudo em finanças, existe um custo (menor participação no ganho) vinculado a um benefício (maior probabilidade de compartilhar do ganho).

Alguns cálculos são ilustrativos dos prós e contras de investir em várias "empresas".

No que diz respeito ao *retorno esperado*, nada muda. O retorno esperado da estratégia de diversificação é exatamente o mesmo daquele de comprar uma única "empresa": R$ 10.000.

Os cálculos são os seguintes. Daqui a 20 rodadas, a probabilidade de pelo menos uma das "empresas" que compõe o portfólio ser justamente a "empresa" vencedora é de 50% (o investidor comprou 50% das "empresas" do mercado); enquanto a probabilidade de nenhuma das "empresas" do portfólio ser a vencedora também é de 50%. Por outro lado, ao comprar metade das "empresas" do mercado, o investidor dividiu seu investimento em mais de 500 mil "empresas", comprando pouco menos de 0,0002% de cada uma delas. Faça novamente as contas; probabilidade de 50% de ganhar mais de R$ 10 bilhões, só que com participação pouco menor do que 0,0002% em cada "empresa". Isto dá um retorno esperado de

R$ 10.000 — exatamente o mesmo da estratégia de comprar uma única "empresa".

Já no que diz respeito à *disparidade dos retornos*, existem mudanças importantes. Pois, enquanto, no pior dos casos, o investidor continua a perder aqueles mesmos R$ 10.000 (o mesmo que perderia se comprasse uma única "empresa"), no melhor dos casos — aquele em que uma das "empresas" de seu portfólio é a vencedora —, o investidor recebe R$ 20.000. Mais uma vez, não existe meio-termo: o investidor pode terminar sem nada, como antes, ou com R$ 20.000 — o que não é mais exatamente uma fortuna! A boa notícia é que a probabilidade de o investidor ficar sem nada na mão diminuiu para 50% (de 99,9999%) enquanto a probabilidade de ele ganhar alguma coisa aumentou também para 50% (de 0,0001%).

iii. Comprando todas as "empresas"

No entanto, o caso mais interessante é justamente o outro caso polar: quando o investidor espalha todo seu investimento (seu portfólio) por cada uma das inúmeras "empresas" que compõem este mercado.

Neste caso, o investidor garantiu que irá compartilhar da "sorte grande". A volatilidade do seu investimento simplesmente caiu para zero! Não existe nenhuma disparidade nos retornos. Afinal, o investidor comprou todas as "empresas" do mercado e, portanto, com 100% de probabilidade terá a "empresa" vencedora no seu portfólio.

Por outro lado, esta ausência de incerteza vem junto com um custo: ao diversificar massivamente, o investidor diminuiu sua participação na "sorte grande" para o mínimo possível. Ou seja, comprou menos do que 0,000001% de cada uma das mais de um milhão de "empresas" que compõem este mercado. Portanto, irá participar muito pouco do lucro grande!

O retorno esperado deste portfólio continua a ser exatamente aqueles mesmos R$ 10.000 das duas outras estratégias (comprar somente uma "empresa" ou comprar 50% das "empresas" do mercado).

Os cálculos são os seguintes: se o investidor dividir seus recursos entre todas as "empresas" do mercado, alocará 1/N (com N sendo o número de "empresas")[15] em cada uma delas. Porém, a probabilidade de participar do ganho final será de 100%. Portanto, o retorno esperado para este seu portfólio permanece em R$ 10.000.

iv. E a melhor estratégia é...

Mas qual destas estratégias é a melhor para o "Jogo de Macacos": comprar uma única "empresa", construir um portfólio com algumas "empresas" ou comprar todas as "empresas" do mercado?

Cada uma destas estratégias tem seus custos e benefícios. O custo diz respeito a maior ou menor volatilidade, com o investidor podendo até mesmo perder todo seu investimento nas duas primeiras estratégias. Por outro lado, o benefício está relacionado com o potencial de ganho: maior quanto mais concentrada for a estratégia. No caso particular da estratégia em (i) — o portfólio com uma única "empresa" —, o ganho poderia ser fenomenal, apesar de ter uma baixíssima probabilidade.

Portanto, a resposta depende dos objetivos de cada investidor. Por exemplo, para quem quer ficar rico e não se importa em perder dinheiro, talvez investir em uma única "empresa" seja a melhor alternativa; enquanto quem se importa em perder dinheiro, deveria diversificar.

Para o caso específico daquele investidor que gosta de um retorno esperado mais alto, mas desgosta de volatilidade, a melhor

---

[15] O portfólio 1/N é um portfólio famoso na literatura acadêmica. Tem o nome de portfólio *equally weighted* ou de "igual ponderação". Diversificar com todos os ativos na mesma proporção dentro do portfólio é também chamado de *naive diversification*, ou "diversificação ingênua". Neste caso específico do "Jogo de Macacos", em que o valor inicial de todas as "empresas" é o mesmo (R$ 10.000) e suas probabilidades de vencer no jogo também são sempre as mesmas, o portfólio 1/N é também o portfólio ótimo e, portanto, nada ingênuo! Ver Esposito (2016a) sobre a otimalidade do portfólio 1/N.

estratégia acaba por ser justamente o portfólio superdiversificado descrito em iii), em que se investe em todas as "empresas" do mercado. As duas outras estratégias são inferiores pois possuem um mesmo retorno esperado (de R$ 10.000), mas uma volatilidade mais alta. O portfólio superdiversificado, por sua vez, eliminou totalmente a incerteza do investimento e garante um retorno certo de R$ 10.000.

É importante ressaltar que a hipótese de que o investidor maximiza retorno esperado e minimiza volatilidade é bastante estudada na literatura acadêmica. Recebeu o nome de Teoria do Portfólio e seu autor foi agraciado com o Prêmio Nobel[16]. Portanto, dizer que o portfólio superdiversificado, e não o portfólio concentrado em uma única "empresa", é a melhor estratégia — ou a "mais eficiente"[17] — para o "Jogo de Macacos" é uma solução em que devemos prestar bastante atenção.

Mas existem dois pontos a serem observados antes de encerrarmos a subseção. O primeiro é que, no caso específico deste "Jogo de Macacos", investir em uma única "empresa" não é diferente de apostar na loteria, no casino e, por que não dizer, em um jogo de moedas. Tudo é simplesmente sorte e azar, e não há nada de habilidade. Este tipo de estratégia merece ser chamada de "investir"? Ou deveria ser denominada meramente "apostar"?

O segundo ponto diz respeito ao fato de que o mundo dos investimentos não é exatamente igual ao "Jogo de Macacos". As moedas não são iguais e são também jogadas ao ar em circunstâncias as mais diversas. Além do mais, o investidor é um ser racional — e não um macaco —, os retornos esperados estão sempre mudando e o investidor pode abandonar o jogo em qualquer rodada.

---

[16] Harry Markowitz recebeu o Prêmio Nobel de 1990 por seu trabalho sobre a Teoria do Portfólio. Uma ótima referência sobre o tema é a sua *Prize lecture: foundations of portfolio theory*.

[17] Este portfólio superdiversificado que surge como melhor estratégia de investimento no "Jogo de Macacos" tem volatilidade zero e é, portanto, o portfólio de mínimo risco da literatura acadêmica. Além do mais, um resultado tradicional em Teoria do Portfólio é o de que, quando todos os retornos esperados são iguais — como acontece com as várias "empresas" do "Jogo de Macacos" —, o portfólio de mínimo risco é também o portfólio ótimo.

Como investir quando o mercado não é exatamente o "Jogo de Macacos"?
Pois este é o tema da seção seguinte.

B. Investindo em um mundo que não é um "Jogo de Macacos"

O mundo dos investimentos pode não ser exatamente igual ao "Jogo de Macacos", mas possui importantes similaridades.

Com certeza — como bem argumentou Warren Buffett em sua própria fala em Columbia —, investidores não são macacos! Muito pelo contrário: são agentes racionais, competitivos, motivados, extraordinariamente treinados, e aproveitam toda e qualquer oportunidade existente para ganhar o máximo de dinheiro possível.

O problema é que, nestas circunstâncias, o preço dos ativos financeiros tende a refletir rapidamente todas e quaisquer informações disponíveis — sejam elas públicas ou privadas. Em linguajar técnico, "o preço de um ativo financeiro hoje é um preditor não viesado para seu preço no futuro" — o que, em termos leigos, significa que é praticamente uma loteria prever o que irá acontecer com o preço dos ativos. Ou seja, mesmo com investidores racionais — e não macacos —, sorte e azar têm um papel predominante no mundo dos investimentos, assim como no "Jogo de Macacos".

No sentido em que o mundo dos investimentos tem importantes similaridades com o "Jogo de Macacos", utilizaremos a solução ótima deste jogo — aquele portfólio superdiversificado que contém todos os ativos do mercado em proporções iguais — como portfólio de referência (*benchmark*); e qualquer diferença entre o mundo dos investimentos e o "Jogo de Macacos" será refletida em alterações neste portfólio.

Dito isto, nas próximas linhas seguem três perguntas e respostas sobre diferenças entre o mundo dos investimentos e o "Jogo de Macacos" — e suas implicações para as estratégias de investimento.

Primeira pergunta:

(P1) No "Jogos dos Macacos", todas as moedas são iguais, o que não acontece no mundo dos investimentos em que existem inúmeros vieses. Como estas diferenças alteram o portfólio de referência?

A resposta para esta primeira questão seria a seguinte:

(R1) Na medida em que existem moedas com diferentes vieses, a melhor estratégia de investimentos não é mais através de um portfólio *equally weighted*, ou 1/N, em que todos os ativos possuem exatamente o mesmo peso. Alguns ativos podem ter uma representatividade maior, outros menor, dependendo dos vieses e das correlações entre os ativos.

Uma segunda questão, e sua respectiva resposta, seria a seguinte:

(P2) Contrariamente ao que acontece no "Jogo de Macacos", no mundo dos investimentos não é necessário participar de todas as rodadas e o investidor pode entrar ou sair do jogo quando quiser. Como estas diferenças afetam o portfólio de referência?

(R2) Neste caso, não é mais necessário comprar todos os ativos do mercado para que o portfólio tenha a menor volatilidade possível. Em outras palavras, "minimização" de risco pode ser obtida — pelo menos aproximadamente — com bem menos "empresas" no portfólio.

Por fim, uma última questão:

(P3) No mundo dos investimentos não é verdade que os retornos esperados — ou o valor do mercado — sejam sempre os mesmos, como no "Jogo de Macacos". Na verdade, eles tendem a flutuar de maneira aleatória. Como ajustar o portfólio de referência?

Segue a resposta:

(R3) Se os retornos esperados oscilam de maneira aleatória, a alocação ótima do portfólio não pode ser estática, como no "Jogo de Macacos", mas sim dinâmica — também mudando ao longo do tempo. Além do mais, não existe mais a possibilidade de, através da diversificação, reduzir a incerteza para zero, como no "Jogo de Macacos". Neste caso, sempre existirá uma volatilidade residual no portfólio, por mais eficientemente construído que ele seja.

O que é importante notar das perguntas e respostas anteriores é que, no mundo real dos investimentos, o portfólio eficiente é simplesmente uma variação, ou um ajuste para mais ou para menos, daquele portfólio de referência derivado do "Jogo de Macacos" — um jogo onde tudo era sorte e azar, e não existia espaço para a habilidade.

C. Warren Buffett é habilidoso ou sortudo?

Uma vez analisada a história do "Jogo de Macacos", cabe a seguinte pergunta: o megainvestidor Warren Buffett é habilidoso ou sortudo?

O tema não poderia ser mais controverso. Warren Buffett, nascido em agosto de 1930, é considerado uma das pessoas mais ricas do mundo, com uma fortuna que, em 2022, estava avaliada em US$ 110 bilhões pela revista Forbes.

Desde sua infância, Buffett foi um aficionado por investir em ações e, depois de um MBA em Columbia, resolveu aplicar os ensinamentos de Dodd e Graham em seus investimentos — uma estratégia que viria a ser conhecida como *Value Investing*.

Ao longo dos anos, o desempenho de Buffett como investidor foi simplesmente extraordinário. Alguém que tivesse investido US$ 1.000 na empresa de Buffett, a Berkshire Hathway, em 1965, teria, ao final de 2022, um patrimônio de mais de US$ 62 milhões — equivalente a um retorno acima de 21,4% ao ano. Por outro lado, se tivesse simplesmente investido na bolsa americana, no índice S&P500, teria acumulado até dezembro de 2022 um pouco mais do que US$ 38 mil — equivalente a um retorno de 6,6% ao ano.

Não é à toa que Warren Buffett é conhecido como o "Sage of Omaha", ou o "Oráculo de Omaha", cidade de Nebraska onde nasceu e ainda vive na mesma casa de cinco cômodos que comprou em 1957, por US$ 31.500. Como investidor ou empresário — e aqui existem dúvidas sobre o papel destas duas dimensões nos seus investimentos —, o desempenho de Buffett foi fantástico. Como se tivesse a capacidade de prever o futuro, tal como um oráculo grego.

Buffett já foi objeto de estudos acadêmicos. Foi capa de revistas e jornais especializados. Tem uma biografia que é um *best-seller*. E sua estratégia de *Value Investing* possui um séquito fiel de seguidores — muitos deles no Brasil.

Investidor multibilionário, capa de jornais e revistas, uma biografia que é um *best-seller* e um séquito de seguidores! Parece o macaco sortudo da história deste capítulo, não?

Não necessariamente — existem argumentos para ambos os lados.

Por exemplo, os acadêmicos adeptos da Teoria dos Mercados Eficientes defendem que Warren Buffett é "O" macaco sortudo que resta ao final do jogo.

Já os seguidores de Buffett defendem sua habilidade como gestor e sua capacidade de escolher empresas vencedoras.[18]

Existem também argumentos no meio do caminho.

Considere este defendido por Frazzini, Kabilere e Pedersen em seu artigo "Buffett's alpha" (Frazzini et al., 2013).

Nele, os autores argumentam que o segredo do sucesso de Warren Buffett está na "sua preferência por ativos baratos, seguros e de alta qualidade, combinados com uma utilização de alavancagem para ampliar os retornos" (Frazzini et al., 2013:25). Em outras palavras, o sucesso de Buffett está em alavancar "fatores de risco" que produzem retornos mais elevados.

Fatores de risco é o tema do capítulo 13 deste livro. Por agora, cabe dizer que por "fatores de risco" entende-se uma característica subjacente aos ativos financeiros que é uma compensação por um risco mais elevado. Ou seja, não existe almoço de graça ou retorno sem risco.

Um fator de risco é como se uma camiseta em um bairro perigoso custasse mais caro do que em um bairro seguro — devido justamente à maior probabilidade de roubo. Não existe oportunidade de arbitragem ou habilidade de prever o futuro! Esta é uma diferença de preço que não irá desaparecer por mais que se escrevam livros e exponham a diferença. Ela está lá para compensar pelo risco de ser roubado.

Porém, quem vender as camisetas mais caras no bairro perigoso, e não for roubado, terá um lucro extraordinário. Neste sentido,

---

[18] Ver a ótima análise de Cadidé (2019) sobre a estratégia de investimentos de Warren Buffett.

Buffett recebeu uma devida compensação pelo maior risco que tomou, mas teve a habilidade de escolher os fatores de risco corretos e de alavancá-los para exponencializar o ganho.

Sobre se Warren Buffett é um "macaco sortudo", um investidor habilidoso ou um meio-termo entre estas duas opções, deixamos para o leitor decidir. Cabe dizer que os próprios autores deste livro têm opiniões diversas!

D. Conclusão

Voltemos agora à pergunta feita no título deste capítulo: Investir é sobre sorte ou habilidade?

Os economistas Eugene Fama e Kenneth French (2010), em um artigo de 2010 sobre o mercado de ações americano, argumentam que existe, sim, alguma evidência de habilidade no mundo dos investimentos. Mas sorte e azar são os fatores preponderantes.[19] Além do mais, uma vez que os retornos sejam ajustados pelas taxas de gestão — e a análise feita sobre retornos líquidos —, a evidência sobre a existência de habilidade enfraquece ainda mais, apesar de não ser totalmente eliminada da amostra.

Na verdade, ajustando pelas taxas de gestão, grande parte do retorno excedente é capturada pelos gestores e não por seus clientes. Isto era de se esperar, uma vez que "habilidade", no mundo dos investimentos, é algo extremamente valorizado; a ponto de os clientes disputarem gestores habilidosos pagando taxas cada vez mais elevadas — até o ponto de exaurir qualquer excesso de retorno líquido.

Porém, mesmo assim, segundo o estudo de Fama e French, ainda existem 5% de gestores que, ou são bastante habilidosos, ou são bastante sortudos. Eles geram um retorno excedente suficientemente alto para mais do que compensar as taxas de gestão!

Temos, entretanto, um importante senão, que surge do outro lado da distribuição de probabilidade: 5% dos gestores da amostra

---

[19] Dois livros interessantes lidando com a Aleatoriedade são *Iludidos pelo acaso*, de Nassim Taleb (2019), e *O andar do bêbado*, de Leonard Mlodinow (2009).

ou são muitíssimos incompetentes ou são muitíssimos azarados. Estes gestores são grandes destruidores de valor.

Como escolher um e evitar o outro? É possível distinguir entre bons e maus gestores, para escolher melhor quem possa cuidar dos investimentos?

A evidência empírica sobre a habilidade de selecionar bons sobre maus gestores — ou gestores sortudos sobre os azarados — é ainda inconclusiva. Uma pena![20]

Além do mais, desde 2010, o trabalho de Fama e French tem sido replicado para diferentes países e diferentes mercados.[21] As conclusões vêm se repetindo: existe evidência de alguma habilidade, mas muito está relacionado com aleatoriedade. Neste sentido, o "Jogo de Macacos", se não for uma descrição perfeita do mundo dos investimentos, parece ser uma descrição suficientemente precisa.

Resultado chocante, não? Obviamente, novas evidências e novas interpretações podem, no futuro, vir a mudar esta visão dos fatos. Porém, a evidência empírica favorecendo o papel da sorte e do azar nos investimentos, ao invés da habilidade, tem sido — na falta de uma palavra mais forte — simplesmente esmagadora!

O "Jogo dos Macacos" também aponta para diferentes direções sobre como a habilidade deve ser incorporada à gestão de investimentos. Ou seja, se, mesmo tendo um papel menor, habilidade é para ser incorporada nos investimentos, existe uma maneira correta disto ser feito. Na verdade, é de conhecimento geral que analistas financeiros estão muito longe de ser entes clarividentes. O futuro é incerto e os analistas precisam lidar com a aleatoriedade inerente ao jogo, não com a certeza.

---

[20] Obviamente, é muito mais difícil gerar retorno excedente com informações públicas. Mas a história é diferente quando falamos de informações privadas de difícil acesso. Neste sentido, Eugene Fama dividiu o critério de eficiência informacional do mercado em três categorias: eficiência fraca (toda informação passada publicamente disponível já está incorporada no preço dos ativos), eficiência semiforte (toda informação publicamente disponível já está incorporada no preço) e eficiência forte (toda informação, pública ou privada, já está incorporada no preço). Ver Fama (1970).

[21] Para a análise de "sorte ou habilidade" no Brasil, ver o trabalho de Amaral (2015), Kanai (2013) e Rosito (2020).

Neste sentido, o trabalho dos analistas poderia ser o de calcular as características de cada uma das diferentes "empresas", para entender melhor sobre as diferentes probabilidades. Analistas também poderiam estimar as "circunstâncias de mercado" (a velocidade do vento no "Jogo de Macacos") no momento exato em que as "empresas" são investidas (ou as moedas lançadas ao ar), e inferir como isto aumenta as chances de sucesso ou fracasso do empreendimento (ou a chance de uma cara ao invés de coroa). Além do mais, os analistas deveriam saber combinar as "empresas" de maneira eficiente, construindo um portfólio que leve em consideração as mais diferentes probabilidades. Por fim, todo este esforço dos analistas talvez permita um desempenho levemente superior àquele da sorte e azar.

Importante ressaltar que ninguém aqui está subestimando o papel do analista, ou o valor da habilidade, no mundo dos investimentos. Tudo indica que aleatoriedade é a parte *mais* importante do jogo. E que habilidade é a parte *menos* importante. Mas acertar 51% das vezes em um jogo de cara ou coroa, que valha R$ 10 bilhões, como no exemplo deste capítulo, gera um ganho adicional de R$ 100 milhões. Multiplique isso algumas centenas de vezes — talvez milhares de vezes — para entender melhor a dimensão do efeito "habilidade" no mercado financeiro!

A conclusão final é que, enquanto a evidência aponta para a existência de alguma habilidade[22], sorte e azar parecem ser os fatores preponderantes. Gostando ou não, existe sim muita aleatoriedade no mundo dos investimentos! Talvez não tanto quanto em jogos de sorte e azar. Mas aleatoriedade suficiente para garantir que o "Jogo de Macacos" seja um exemplo bastante aproximado de como se deve investir.[23]

---

[22] Existe um dito no mercado financeiro, atribuído a Howard Marks, cofundador da gestora Oaktree, que o maior pesadelo de um gestor de investimentos seria acordar à noite pensando que seu desempenho passado foi devido à sorte, e não habilidade.

[23] Voltaremos à questão de sorte *versus* habilidade no capítulo 12, quando serão discutidos investimentos em ações através de gestores. O argumento será que, para escolher gestores, é necessário algo a mais do que uma simples medição do desempenho passado — que está sujeito a sorte e azar. E este algo a mais seria um melhor entendimento do processo de investimento do gestor.

3
O mercado financeiro no Brasil e suas peculiaridades[24,25]

O Brasil possui um mercado financeiro bastante particular, caracterizado por taxas de juros reais elevadas, um espectro de risco pouco desenvolvido, uma filosofia de investimento incomum, uma curiosa sobrealocação em fundos Multimercados e um oligopólio de bancos. Além do mais, retornos são medidos em termos de porcentagem do CDI, o mercado é constantemente afetado por rumores e investidores brasileiros, mesmo quando no exterior, ainda assim investem no Brasil.

Compreender as características do mercado financeiro no Brasil, e como isto afeta o perfil dos investidores brasileiros, é essencial para qualquer um que invista no país. Pois este é o foco deste capítulo.

A. Obcecados por renda fixa

O investidor brasileiro é obcecado por renda fixa. Segundo dados da Associação Brasileira das Entidades dos Mercados Financeiro e de Capitais (Anbima), aproximadamente 60% do patrimônio da indústria de fundos local está alocado nesta classe de ativos. E isto

---

[24] Uma primeira versão deste capítulo foi publicada como Relatório AQUA, para os clientes da AQUA Wealth Management, em fevereiro de 2018.
[25] Os autores gostariam de agradecer a Bernadete Franco por revisar e contribuir com este capítulo.

está em forte contraste com os investidores internacionais que alocam, predominantemente, em renda variável.

Mas existe um motivo para tanto: comparadas com as taxas de juros reais no mercado global, as taxas brasileiras são extremamente elevadas. E o investidor brasileiro não só está acostumado, como também gosta disso.

Por exemplo, desde 2005, as taxas de juros reais de cinco anos no Brasil foram, em média, 6,5% ao ano, o que permitiria que um investimento, em termos reais, fosse dobrado a cada 11 anos. Quando as taxas de juros reais estão mais baixas, tal como em 4,5% ao ano, isto é motivo de fortes reclamações pelos investidores brasileiros. Afinal, com taxas de juros neste patamar, um investimento somente seria dobrado, em termos reais, no período de 16 anos!

O quão elevadas são as taxas de juros reais no Brasil fica ainda mais evidente quando comparamos com aquelas de outros países. Nos Estados Unidos, as taxas de juros reais de cinco anos foram em média 0,4% desde 2005, o que permitiria que um investimento fosse dobrado de valor a cada 173 anos. Na Europa e no Japão, a situação é ainda mais dramática, pois as taxas de juros reais — e até mesmo as nominais — usualmente estão em território negativo. No Reino Unido, para a maturidade de cinco anos, as taxas de juros reais foram em média 0,15% desde 2005. Por outro lado, tanto na Alemanha quanto no Japão, é muito comum que até mesmo as taxas de juros nominais sejam negativas e valores como 0,35% negativos podem ser considerados totalmente dentro da normalidade. Ou seja, no Reino Unido, Alemanha e Japão, os investidores, na verdade, estão acostumados a pagar para emprestar dinheiro ao governo. Que grande diferença com a situação do Brasil!

B. Espectro de risco pouco profundo

Juros elevados têm suas consequências. No Brasil, em particular, em forte contraste com o mercado internacional, não é necessário tomar grandes riscos para atingir objetivos de retorno. Por exemplo, fundos de pensão com uma meta atuarial de IPCA mais 4%

poderiam simplesmente alocar todos os seus recursos em um título indexado à inflação de 30 anos, que, em média, pagaram 6,5% ao ano desde 2005. *Game over*! Não existe a necessidade de arriscar um investimento em bolsa, *Private Equity* ou qualquer outro produto de renda variável.

Neste sentido, no mercado brasileiro, aquelas classes de ativos que estariam em uma camada mais profunda dentro do espectro de risco acabam sendo pouco desenvolvidas. Por exemplo, o mercado de crédito no Brasil é ainda muitíssimo pequeno, e está longe de desempenhar o importante papel que tem nos países ricos.

A renda variável, por sua vez, possui — com muita boa vontade — ao redor de 210 ativos investíveis; número muito distante das 5 mil empresas que fazem parte do índice Russel 5000 da bolsa americana. Desta maneira, como um típico analista de *sell-side* cobre ao redor de 30 empresas, enquanto um típico analista de *buy-side* cobre ao redor de 15 empresas, bastariam sete analistas de *sell-side* ou 14 de *buy-side* para cobrir o mercado brasileiro de renda variável em sua totalidade.

Além de poucos ativos investíveis, o mercado de ações brasileiro é também muito concentrado em alguns poucos setores, como os setores financeiro, de materiais e de energia. Isto limita sobremaneira a capacidade de diversificar adequadamente um portfólio de ações no mercado local e este portfólio acaba por correr um enorme risco setorial.

Sobre classes de ativos ainda mais profundas dentro do espectro de risco, como *Private Equity*, Setor Imobiliário, entre outras, seu desenvolvimento também é muito incipiente.

Por sua vez, o próprio mercado de renda fixa brasileiro sempre foi caracterizado por maturidades extremamente curtas — e apenas recentemente começou a se alongar. Em dezembro de 2000, a maturidade média dos títulos prefixados era de apenas 105 úteis dias (menos de seis meses). Vinte anos depois, este mercado estava mais desenvolvido, com a maturidade média dos prefixados em 585 dias úteis (aproximadamente 2,4 anos), enquanto os títulos indexados à inflação tinham uma maturidade média de 1.950 dias úteis (aproximadamente 7,8 anos). Comparado com as maturidades médias dos títulos do Tesouro Americano, isto nem mesmo parece renda fixa, mas sim algum tipo de investimento em caixa — só que turbinado!

C. Uma filosofia de investimento incomum

Historicamente, os brasileiros têm investido predominantemente dentro de seu próprio país. Este fenômeno, conhecido como viés doméstico, é comum em todas as nações, mas é particularmente acentuado no Brasil, onde mais de 95% dos investimentos são feitos domesticamente. Vários fatores contribuem para isso, incluindo as altas taxas de juros reais brasileiras, a grande complexidade de acessar os mercados globais e o tamanho dos mercados financeiros no Brasil — muito maiores do que nossos pares latino-americanos. Com taxas de juros elevadas, um mercado local de bom tamanho e dificuldades para acessar os mercados globais, não é à toa que os investidores brasileiros acabam por investir majoritariamente no mercado doméstico.

Porém, embora o Brasil tenha uma economia relativamente grande e bem desenvolvida, mesmo assim existe uma concentração significativa em certas empresas e as oportunidades para diversificação no mercado local são muito limitadas.[26] Os principais problemas são os seguintes: (i) existe um baixo número de empresas em setores de crescimento; (ii) o mercado de crédito é concentrado em poucos emissores, com a maioria dos empréstimos sendo conduzida através de poucos bancos (90% *versus* apenas 10% no mercado de dívida corporativa); (iii) o forte subsídio dado pelo governo aos empréstimos, via bancos públicos, tem atrasado o desenvolvimento do mercado de crédito no Brasil; e (iv) existe uma alta correlação entre os retornos da renda fixa e aqueles do mercado de ações, tornando os métodos tradicionais de construção de portfólio menos eficazes.

---

[26] Dois bons estudos comparativos sobre possibilidades de diversificação no Brasil dentro do contexto de vários outros países são Passeri (2014) e Rosseti (2016).

Todos estes fatores limitam sobremaneira a capacidade de construir, localmente, portfólios bem diversificados. Eles também resultaram em uma filosofia de investimento tipicamente brasileira que, se não é curiosa, é pelo menos bastante incomum: uma filosofia baseada em investimentos concentrados e na análise do cenário macro. É neste sentido que gestores de valor, *stock-pickers* e fundos Macro representam, no Brasil, uma proporção significativa do universo de gestores.

O que acontece é que, dada a dificuldade de conseguir diversificação, os gestores brasileiros procuram mitigar o risco dos portfólios de outras maneiras, tentando conhecer profundamente os ativos investíveis — como fazem gestores de valor e *stock pickers* — ou buscando prever o cenário econômico, como fazem os gestores macro.[27] Obter desempenho consistente através destas duas estratégias é um desafio dos mais difíceis e, muitas vezes, resulta em gestores assumindo riscos excessivos.

Uma solução para este problema seria, obviamente, abrir o universo investível brasileiro para o mercado internacional. Isto vem sendo feito, porém de maneira muito gradual, e, até o momento, as opções de investimentos internacionais para um participante do mercado local ainda são muito limitadas.

É certo que há um grande desenvolvimento nesta área nos últimos anos, com a disponibilização de acesso a vários fundos de grande sucesso no exterior via um fundo local ("*feeder funds*"), a disponibilização de inúmeras ETFs negociadas na B3[28] para acessar diversas classes de ativos do exterior, além de várias *fintechs* e bancos permitindo aos brasileiros terem uma conta de investimentos no exterior a custos competitivos.

Mesmo assim, a parcela de investimentos internacionais ainda é muito pequena na carteira dos investidores brasileiros, em comparação com investidores de outros países. E muitos dos que investem no exterior o fazem numa classe com *hedge* para reais,

---

[27] Na verdade, existem inúmeros tipos de fundos no Brasil, e no espectro dos gestores de ações existem fundos *Long & Short* com volatilidade de 5%, 8% e 10%, e fundos de ações com volatilidades mais altas ou mais baixas.
[28] B3 é a bolsa de valores brasileira, a maior da América Latina.

ou seja, continuam expostos à nossa moeda mesmo quando fazem investimentos internacionais.

Fazer investimentos internacionais deveria ser, também para investidores brasileiros, algo mais difundido e amplo: ter acesso a um conjunto infinitamente maior de ativos investíveis, com exposição a diferentes regiões, moedas e setores, cada um influenciado por seus fatores microeconômicos e macroeconômicos únicos. Tamanha oportunidade de diversificação poderia gerar uma "descorrelação", aumentar significantemente a eficiência dos portfólios brasileiros e ampliar o número de estratégias seguidas pelos gestores locais. Permitiria também aos investidores brasileiros usufruir do único "almoço grátis" que existe em economia: a diversificação do portfólio.

D. Sobrealocação em fundos Multimercados

Enquanto os investidores internacionais sobrealocam em renda variável na tentativa de atingir suas metas de retorno — e, portanto, vão bem fundo dentro do espectro de risco —, os investidores brasileiros têm, por sua vez, uma curiosa sobrealocação em Multimercados, o equivalente brasileiro aos *Hedge Funds* no mercado internacional.

Segundo dados da Anbima, em julho de 2023, a indústria de fundos de investimento do Brasil era composta por um total de aproximadamente 20 mil fundos, com um patrimônio de mais de 6,5 trilhões de reais. Deste patrimônio, aproximadamente 51,73% estavam alocados em fundos de renda fixa[29], 17,5% em produtos estruturados e menos do que 0,6% em investimentos no exterior. Os fundos Multimercados, por sua vez, representam aproximadamente 21,25% de toda a indústria de fundos brasileira e rivalizam, em tamanho, com os fundos DI, prefixados e indexados à inflação, quando vistos separadamente. Os fundos de renda variável,

---

[29] Anbima (2023). De acordo com a Anbima, o patrimônio líquido dos fundos de investimento em renda fixa equivale a 37,5% do total da indústria de fundos. Porém, 15,95% são fundos de Previdência, que alocam pelo menos 13,28% em renda fixa.

por sua vez, representavam apenas 6,8% da indústria de fundos brasileira. Em um país com taxas de juros tão elevadas, com um mercado financeiro tão pouco profundo e com tão poucas opções de ativos para se investir, a dimensão da indústria de fundos Multimercados é simplesmente surpreendente.

Contrariamente aos *Hedge Funds* dos países desenvolvidos, que surgiram como resposta a uma realidade de taxas de juros reais extraordinariamente baixas — e se situaram em um intervalo no espaço risco/retorno que fica entre o crédito privado e a renda variável —, no Brasil, a indústria de Multimercados surgiu como uma estratégia de investimento que gerasse um adicional ao CDI, sem a volatilidade de uma renda variável. E, na verdade, desde 2000, os fundos Multimercados brasileiros, medidos pelo índice IFMM-A, atingiram o que se propuseram, gerando um retorno médio de 106% do CDI, para uma volatilidade de 61% do CDI. Em termos de comparação, neste mesmo período, a renda variável teve um retorno médio de 130% do CDI para uma volatilidade 10 vezes superior.

O que torna esta sobrealocação em Multimercados particularmente curiosa é que, neste mesmo período, uma segunda estratégia de investimento foi também capaz de gerar um adicional ao CDI com baixa volatilidade: os títulos de renda fixa prefixada que, medidos pelo índice IRFM, tiveram um retorno médio de 112% do CDI para uma volatilidade de 87% do CDI. E tudo isto sem grandes sofisticações e sem cobrar, como fazem os Multimercados, os tradicionais 2% de taxa de gestão com os 20% de desempenho.

Ou seja, na medida em que as taxas de juros caíram no mercado local e a maturidade da renda fixa aumentou, esta classe de ativos invadiu aquele espaço da dimensão risco/retorno que os Multimercados haviam confortavelmente reservado para si. E, com o amadurecimento do mercado de renda fixa brasileiro, os Multimercados agora enfrentam o desafio de mover-se mais fundo dentro do espectro de risco. Como este desafio será resolvido é uma história que ainda está sendo contada.

Dadas as características do mercado financeiro brasileiro — altas taxas de juros, espectro de risco limitado, poucos ativos investíveis e uma renda fixa prefixada que também paga um adicional ao CDI com baixa volatilidade —, o que justifica uma alocação tão grande em fundos Multimercados?

Existem várias respostas para esta questão. Elas vão desde a tradicional busca por "alpha", até índices de Sharpe e outras medidas de desempenho. Porém, uma justificativa que deve também ser considerada é o papel dos grandes distribuidores, em particular, os grandes Private Banks e corretoras — que muitas vezes alocam os recursos de seus clientes nos Multimercados ou devido a rebates ou alguma forma de participação na receita destes fundos.

Os clientes, na maioria das vezes, não desconfiam que uma forte alocação em Multimercados pode ser resultado deste conflito de interesses. Mas alguns números podem servir de guia. No mercado internacional, onde as taxas de juros reais são baixíssimas e os objetivos de retorno difíceis de serem atingidos, uma alocação média em Hedge Funds é ao redor de 10%. Já no Brasil, uma alocação de 21% é simplesmente a média de mercado! E não é incomum, no ambiente de Private Banking e corretoras, encontrar portfólios com alocações de 50% ou mais em Multimercados — e às vezes até mesmo 100%.

E. Oligopólio financeiro

Em teoria econômica, a estratégia tradicional para lidar com um oligopólio é quebrá-lo ou regulá-lo. No Brasil, optou-se por um caminho alternativo: onde existem oligopólios, criam-se empresas públicas suficientemente grandes para rivalizar com eles. E nenhum setor evidencia mais esta terceira via do que o setor financeiro no Brasil. Nele, alguns enormes bancos privados, cada um deles representando a fusão de mais de 20 outros bancos, interagem com outros três gigantescos bancos públicos.[30]

---

[30] Os grandes bancos privados a que estamos nos referindo são Itaú, Santander e Bradesco; enquanto os bancos públicos são Banco do Brasil, Caixa Econômica Federal e BNDES. Segundo o Relatório de Estabilidade Financeira do Banco Central do Brasil, em 2021, Itaú, Santander, Bradesco, Banco do Brasil e Caixa Econômica Federal representavam 81,4% do mercado de crédito brasileiro e 77,4% do total de depósitos no sistema bancário.

Como em todo oligopólio, estes gigantes financeiros são especializados em reduzir a oferta para maximizar preços. São também especialistas em oferecer serviços de baixa qualidade e em criar uma legislação que mantenha seu poder econômico. Neste sentido, não apenas o crédito é incrivelmente caro, como também o país sofre com a falta de toda uma gama de produtos financeiros. E, como era de se esperar, existe também uma legislação que — com o objetivo de "defender o investidor" — torna extremamente custoso o desenvolvimento do mercado de capitais. Portanto, para um cliente do setor financeiro, seja ele um investidor ou não, isto significa serviços de baixíssima qualidade, uma pequena oferta de produtos e uma quantidade enorme de produtos que embutem, disfarçadamente, um robusto ganho para a instituição financeira — tais como fundos Multimercados e produtos estruturados.

No entanto, nos últimos anos, este oligopólio financeiro vem sendo desafiado por alguns novos bancos, corretoras e, em particular, uma infinidade de agentes autônomos de investimento. Isto, de certa maneira, democratizou o cenário de investimentos no Brasil. Agora, produtos que antes eram acessíveis somente para investidores institucionais e pessoas físicas de alta renda passaram a ser disponibilizados também para o investidor médio.

A má notícia é que estes produtos sempre estiveram — e ainda estão — muito distantes do "excelente" e são, na melhor das hipóteses, razoáveis. Porém, para o investidor médio, que até então tinha somente acesso à caderneta de poupança e aos produtos da sua agência bancária, foi uma evolução enorme.

Na verdade, o sistema financeiro brasileiro foi sempre mais parecido com o sistema europeu do que com o americano: concentrado em alguns grandes bancos e com um mercado de capitais relativamente pequeno. No entanto, esta recente democratização do cenário de investimento vem modificando o campo do jogo na direção do sistema americano de *brokers*. Se a tendência irá ou não persistir, é uma história que ainda está sendo contada.

F. Retorno como porcentagem do CDI

Outra curiosidade do mercado financeiro no Brasil é que retornos são medidos como porcentagem do CDI, mas o risco é medido como "volatilidade diária anualizada" — portanto, em pontos percentuais. Por exemplo, os títulos prefixados rendem 111% do CDI, mas têm uma volatilidade diária anualizada de 4,5%. E isto é curioso por dois motivos.

O primeiro é que, no mercado internacional, os retornos são medidos em termos de *"spread over* Libor" — sendo a London Interbank Offered Rate (Libor) considerada a taxa livre de risco, ou o investimento mais seguro do mercado. Ou seja, um investimento rende 1,5% acima da Libor ao ano e não 150% da Libor. No Brasil, o costume de medir retornos como porcentagem do CDI pode ser explicado por um passado de hiperinflação, que resultava em um CDI extremamente volátil. Porém, na medida em que este passado começou a ficar cada vez mais distante, algumas classes de ativos começaram também a ser medidas tal como no mercado internacional: como *spread over* CDI. Por exemplo, no Brasil, no mercado de crédito, uma debênture paga algo como CDI mais 0,8% ao ano.

No entanto, o que é mais curioso desta tradição brasileira é medir-se o retorno em uma certa unidade (% do CDI) e a volatilidade em outra (pontos percentuais). Afinal, os estatísticos tiveram todo o trabalho de tirar a raiz quadrada da variância (cuja unidade de medida é aquela do retorno elevado ao quadrado) e assim criar o desvio-padrão, que tem a mesma unidade do retorno e é, portanto, comparável. No Brasil, isto seria o equivalente a dizer que os prefixados têm um retorno de 111% do CDI para uma volatilidade de 87% do CDI. Neste caso, estaria implícito que, para uma Distribuição Normal, então, com 68% de probabilidade, o retorno estaria no intervalo de 111% do CDI +/- 87% do CDI. Este é um cálculo impossível de ser feito quando retorno e volatilidade são medidos em unidades diferentes como, curiosamente, fazem os investidores brasileiros.

Cabe notar que, com a agressiva derrubada dos juros pelo Banco Central brasileiro em resposta à pandemia do coronavírus em 2020, os investidores locais começaram a abandonar o CDI como referência.

Mas só um pouquinho! Na verdade, o movimento foi bastante gradual e, em 2022, os juros estavam novamente acima dos 13% ao ano. Se, nos anos futuros, os brasileiros continuarão a medir o desempenho dos seus investimentos em termos do CDI e a volatilidade em termos de "volatilidade diária anualizada", ou usarão a mesma unidade para medir retorno e volatilidade, é algo que teremos que esperar para ver.

G. Rumores de mercado

Rumores de mercado são uma característica de vários países da América Latina. Por exemplo, alguns países desenvolveram uma longa tradição de lançar rumores sobre calotes de sua dívida externa. Se estes rumores fossem críveis, bastaria então vender a dívida antes de lançar o rumor, para depois recomprá-la antes de finalmente desmenti-lo e embolsar todo o dinheiro. E, ainda melhor, se isto tudo puder ser feito de forma alavancada.

Outros países, por sua vez, se especializaram em rumores sobre as decisões de juros do Banco Central ou intervenções na taxa de câmbio. E eleições presidenciais são um campo fértil para lançar rumores e especular no mercado. Cabe notar que fortunas podem ser ganhas ou perdidas agindo sobre rumores. Neste sentido, muitas vezes rumores envolvem tramas bastante elaboradas, nas quais talvez participem oficiais do governo e a imprensa. E, na América Latina, muito raramente alguém é multado ou muito menos preso.

Para o investidor desavisado, que acredita no noticiário, isto pode ser uma tragédia no sentido em que ele irá comprar caro e vender barato. Melhor, portanto, manter-se firme, não prestar atenção e tentar passar ileso pela turbulência de rumores que assolam o mercado. Eles fazem parte do jogo.

H. Uma percepção de risco bem particular

É muito comum, ao lidar com investidores internacionais, encontrar famílias que tiveram seus bens expropriados e que perderam quase tudo durante alguma guerra ou revolução. Muitas vezes, o único recurso que estas famílias conseguiram salvar foi aquele dinheiro que possuíam no exterior — que permitiu que recomeçassem suas vidas e seus empreendimentos. Esta é uma história bastante comum com investidores europeus e latino-americanos. São investidores que têm uma preocupação enorme com o risco de revoluções, guerras e ataques aos quadros institucionais.

Isto, porém, não acontece com os investidores brasileiros, que mantêm grande parte de seus ativos no Brasil e, mesmo quando estão no exterior, investem em ativos brasileiros. É verdade que o Brasil já teve suas convulsões sociais. Mas seu maior choque financeiro talvez tenha sido o Plano Collor de 1990 que, apesar de gravíssimo, foi menos destruidor do que as expropriações que sofreram certas famílias da Europa e de outros países latino-americanos.

Neste sentido, o investidor brasileiro tende a ser muito menos preocupado com risco do que o investidor internacional. E ele tende a valorizar muito mais o retorno de um investimento. Além do mais, para um investidor brasileiro, risco significa — na maior parte das vezes — risco de mercado ou volatilidade; enquanto para um investidor internacional significa seus bens serem tomados e sua família ter que procurar refúgio em algum outro país.

I. Conclusão

Tanto o mercado financeiro quanto os investidores brasileiros possuem características especiais, que os distinguem de seus equivalentes internacionais. Estas características são em parte resultantes da evolução histórica do país e em parte resultantes da sua estrutura de mercado. Compreendê-las é condição essencial para investir no Brasil.

Um resumo de tais peculiaridades poderia ser que o mercado financeiro local é caracterizado por (i) taxas de juros reais extraordinariamente elevadas — daquelas que dobram seu patrimônio em termos reais em menos de 15 anos; (ii) um espectro de risco muito raso, que mal chega à classe de risco crédito; iii) uma filosofia de investimento baseada em concentração e na análise do cenário macroeconômico; (iv) uma sobrealocação curiosa dos investimentos em fundos Multimercados, que são mais do que o triplo da alocação em renda variável; (v) uma concentração dos negócios nas mãos de poucos bancos que, como acontece com qualquer oligopólio, torna os produtos caros, escassos e de baixa qualidade; (vi) retornos que são estranhamente medidos como porcentagem do CDI (a Libor brasileira) enquanto a volatilidade é medida em outra unidade; (vii) rumores de mercado que são simplesmente parte do jogo — como em toda a América Latina; e (viii) por fim, investidores brasileiros que investem no próprio Brasil com seu portfólio internacional — e que estão muito mais preocupados em obter um retorno mais elevado do que se proteger de algum evento extremo. Estas são importantes diferenças que tornam o mercado financeiro no Brasil bastante distinto do global e, também, desafiador para quem quiser investir.

SEÇÃO 2:
O que você deveria saber sobre investimentos, mas ninguém nunca te disse

Há uma série de sutilezas que surgem ao investir; muitas delas percebidas somente depois de muitos anos.

Na maior parte das vezes, estas sutilezas não são mencionadas nem nos livros escritos por participantes do mercado, nem nos livros-texto, escritos pelos professores.

Pois este é o tema desta seção.

O capítulo 4, "O que está nas notícias já está nos preços", trata de uma verdade que muitos investidores hesitam e até mesmo não querem aceitar: a de que investir com base no noticiário é uma péssima estratégia.

Ora, se um jornalista já está sabendo da notícia, os grandes investidores se posicionaram há muito tempo! Já está tudo refletido nos preços. Falta só o "pato" para pagar a conta. E o objetivo deste capítulo é evitar que este "pato" seja você.

O capítulo 5, "O que é ruim para o país não é necessariamente ruim para o seu portfólio", é um alerta de que notícias boas ou ruins para seu país ou até mesmo sua empresa não são necessariamente ruins para seus investimentos.

É importante tomar cuidado para não misturar as coisas, sob o risco de se tomar péssimas decisões.

O capítulo 6, "O que você controla no seu portfólio não é exatamente o que você gostaria de controlar", discute aquilo que é possível e impossível controlar ao investir. Já podemos adiantar que o investidor não controla aquilo que gostaria de controlar.

Melhor aceitar o que podemos de fato fazer do que tentar controlar o incontrolável.

Por fim, os capítulos 7 e 8 analisam um dos conceitos mais citados e menos entendidos no mercado financeiro: a volatilidade.

O capítulo 7, "Volatilidade não é risco", trata de algo que deveria ser óbvio, mas no mercado financeiro não é: volatilidade e risco são coisas totalmente diferentes.

Já o capítulo 8, "Transformando volatilidade em risco", mostra que, sem o devido cuidado, alguns erros podem, sim, transformar volatilidade em risco; ou seja, transformar o que deveria ser uma mera oscilação em uma perda permanente.

Estes cinco capítulos discutem conceitos que são importantes para quem deseja investir. Vale a pena prestar atenção pois são pouco mencionados e não fazem parte de um típico livro de investimento.

4
O que está nas notícias já está nos preços

Existe um velho ditado no mercado financeiro que diz que um investidor deveria "comprar no boato e vender no fato"; ou, no inglês original, *buy on the rumor, sell on the news*. Em outras palavras, uma posição já deve estar montada muito antes de qualquer evento se realizar. Uma vez que o evento se realiza — e se torna tão público a ponto de já estar nas notícias —, é tarde demais: o mercado já está precificado e resta apenas a opção de vender.

Mercados financeiros são informacionalmente eficientes. O preço de um ativo financeiro reflete muitas, senão todas, as informações disponíveis no mercado — sejam elas públicas ou privadas. E reflete muito bem! Portanto, se você está em sua casa tranquilo assistindo ao noticiário e se informando sobre o mercado, não se engane achando que isto pode contribuir para alguma decisão de investimento. Se um jornalista já está sabendo da notícia — e transmitindo para o grande público —, os participantes do mercado já detinham esta informação muitíssimo tempo antes. Já montaram suas posições e o preço já se ajustou.

Aliás, na maior parte das vezes, são esses profissionais do mercado, com suas posições já montadas, que estão agora liberando a informação para garantir que exista alguém na outra ponta da operação — justamente o elo mais fraco — que vai comprar quando os profissionais já souberem que está na hora de vender.

Há muitas histórias e exemplos de ativos financeiros que se movem antes do fato. Alguns são especialmente curiosos: (i) ações de empresas que caem ou sobem alguns dias antes de um ataque terrorista; (ii) ações de empresas que caem ou sobem semanas antes de alguma aquisição importante; (iii) forte depreciação cambial em antecipação a um escândalo político; e inúmeras outras "curiosidades", algumas mencionadas adiante.

O mesmo raciocínio se aplica também àquela "informação" que foi passada por seu colega importante ou pelo seu amigo corretor. Se a "informação" chegou até eles, é muito provável que já esteja precificada. Portanto, tome cuidado![31] Ao basear suas decisões de investimento em notícias públicas que estão circulando por aí, você pode estar entrando no jogo tarde demais, quando não existe mais nada a ser feito. E é bastante provável que você seja o cara que vai terminar pagando a conta!

A. O perigo dos rumores

Disto isto, existe um segundo alerta. Enquanto, como mencionado, possivelmente não existe mais nada a ser feito depois que uma notícia já foi veiculada, investir baseado em boatos também pode ser perigoso. Sabe a parte do velho ditado que diz "comprar no boato"? Talvez seja melhor desconsiderar.

Boatos podem ser resultado de manipulação. Normalmente, é coisa de algum grande investidor que primeiro toma a posição e depois sai alardeando o fato. Quantas vezes você já ouviu um grande gestor afirmar no noticiário que "não dá mais para investir no Brasil" ou "que mudou de ideia e deixou de apoiar o atual governo"? Você não acha que este gestor estava abrindo seu coração para o jornalista, sem nenhum interesse, não é?

Mas é ainda pior: declarações de políticos e outros agentes de mercado são também suspeitas. Pense naquele diretor da companhia de petróleo dizendo que o preço da gasolina está defasado. Ou o ministro da Fazenda que reclama da apreciação da moeda. É difícil dizer se a declaração é honesta ou se existe algum interesse por trás. Ou ambos. Mas uma coisa é certa: se você prestar atenção e modificar sua estratégia de investimentos simplesmente por con-

---

[31] Na verdade, a regra básica é que "tudo já está precificado; até que você prove o contrário".

ta da suposta declaração, pode ser justamente você o trouxa que vai pagar a conta.

Na verdade, morar na América Latina e investir na região é um aprendizado único.[32] Você aprende simplesmente a investir sem prestar atenção a boatos e notícias. Olhem alguns casos interessantes, porém ainda não confirmados. Reza a lenda que... (rumor ou fato?) não faz muito tempo, era comum que presidentes de alguns de nossos países vizinhos dessem declarações sugerindo que aquele determinado país talvez não tivesse condições de honrar com o pagamento de dívida externa.

Declaração bombástica, mas ao mesmo tempo crível, pois com determinada frequência acontecia de a dívida externa desses países não ser paga.

Depois da declaração, o preço dos títulos da dívida externa simplesmente despencava. Uma série de investidores que jamais deveriam se aventurar em uma região tão inóspita quanto a nossa entravam em desespero e saíam vendendo a qualquer preço. Adivinha quem é que estava comprando barato na outra ponta? Se você disse o Tesouro do país latino-americano e os próprios presidentes — na pessoa física — você acertou! Pelo menos assim corre a história.

No fim das contas, apesar da declaração em contrário, a dívida externa era paga e a um valor muito mais barato. Com certeza, investir dinheiro na América Latina não é coisa nem para amadores nem para investidores assustados. E manipular mercados, tudo indica, é parte do jogo.

B. Conclusão

Há outro ditado no mercado financeiro que diz: "viva pelo boato, morra pelo boato"; ou *live by the rumor, die by the rumor* no inglês

---

[32] Um Relatório de maio de 2020 da Gavekal Research, *Brazil burning house*, deixa claro que investir na região não é para amadores. De acordo com o Relatório: "No momento, é melhor deixar o Brasil ou para os especialistas, ou malucos, ou investidores oportunistas de longo prazo ou aqueles que não têm outras opções" (tradução dos autores).

original. Portanto, tome bastante cuidado com aquelas informações em que você acredita e que afetam sua estratégia de investimento.

Investir baseado em rumores ou em informação pública são péssimas estratégias. Você pode estar sujeito a manipulações e corre também o risco de entrar muito tarde no jogo, quando tudo já está precificado e só falta alguém para pagar a conta. E este alguém pode ser você!

Por isso que investir deve ser algo feito dentro de um processo, com muito cuidado, profissionalismo, extraordinária disciplina, dentro de um contexto de diversificação e com uma estratégia que prime por evitar erros. Não é uma tarefa fácil, mas é uma tarefa que, com certeza, vale a pena ser feita — sob o risco de se incorrer em sérios prejuízos.

5
O que é ruim para o país não é necessariamente ruim para o seu portfólio

Inflação em alta, maior desemprego, expectativa de crescimento menor, juros elevados, salários em queda e cada vez mais impostos. Esta é uma lista de coisas que, a maioria das pessoas concordaria, são muito ruins para um país — e muito provavelmente também para você. Porém, elas não são necessariamente ruins para o seu portfólio. É importante tomar cuidado para não misturar as coisas pois, do contrário, você pode tomar péssimas decisões de investimento.

Vamos considerar como primeiro exemplo os juros elevados, financiados por impostos mais altos. Péssimo para o país, que no longo prazo terá dificuldade para sustentar o crescimento. Mas, quando os juros mais altos são totalmente financiados pelos pagadores de impostos, não há risco de calote, inflação ou até mesmo de uma dinâmica da dívida pública mais complicada.

Esta situação é ideal para um investidor de renda fixa: retorno fácil e seguro, garantido pelo governo. Existe até um grupo de investidores — os já consagrados *bond vigilantes* — que monitoram o mercado e saem vendendo seus títulos ao primeiro sinal de um superávit primário mais baixo.

Da mesma maneira, preços altos e salários em queda podem ser péssimos para um país. Mas são, simplesmente, tudo de bom para um portfólio de ações. As empresas vendem seus produtos com custos controlados e margem elevada. Sobram recursos para pagamento de dividendos e reinvestimento. Quem foi mesmo que disse que inflação em alta e desemprego são ruins para um portfólio?

E o mesmo acontece com um crescimento menor, quando isto leva a uma expectativa de corte na taxa referencial de juros. Neste caso, todos os ativos são reprecificados para cima, ficando mais caros justamente para pagar um retorno futuro menor. Uma maravilha para quem tem estes ativos no portfólio. Baixo crescimento pode ser ruim para seu país e, até mesmo, seu emprego, mas pode ser muito bom para seus investimentos.

Portanto, ao ler ou ouvir o noticiário — e toda aquela avalanche de notícias ruins com que você é bombardeado diariamente —, não entre em desespero por seus investimentos. E muito menos saia vendendo a qualquer preço. Lembre-se: o que é ruim para o país não é necessariamente ruim para seu portfólio. E vale a pena entender os motivos para isto ser assim.

A. Diversificação: o único almoço grátis

Tudo se resume ao modo como um portfólio é construído. E, na verdade, ele pode ser bem ou mal construído.

Comecemos com um portfólio bem construído ou, em linguagem técnica, um portfólio eficiente. Este é um portfólio que anula todo e qualquer risco — obviamente daqueles que podem ser anulados — através da diversificação. Neste sentido, é um portfólio que investe em várias empresas, setores, moedas e países, com cada alocação sendo precisamente calculada. Portanto, não está exposto a nenhum risco específico ou, em termos técnicos, risco idiossincrático. Obviamente, o risco sistêmico — aquele risco que não pode ser eliminado através da diversificação — vai continuar lá. Mas do risco sistêmico não há mesmo como se esconder!

Existem também aqueles portfólios que não são assim tão bem construídos. Neles, a diversificação não é a mais apropriada e, além do risco sistêmico, este portfólio corre também algum risco específico — talvez pela exposição excessiva a uma empresa, setor, país ou moeda. Ou seja, é um portfólio que corre mais risco do que o estritamente necessário e, obviamente, em um mercado eficiente, não é recompensado por isso. Em outras palavras, e desculpem aqui o linguajar técnico, é um portfólio que, para um dado nível de retorno, tem uma volatilidade mais alta. Situa-se, portanto, abaixo da fronteira eficiente e daí vem o nome portfólio ineficiente!

Porém, mesmo este portfólio ineficiente — a não ser que extraordinariamente mal construído — possui algum nível de diversificação. Talvez não a melhor diversificação, com cada alocação precisamente calculada, como no portfólio eficiente, mas ainda assim alguma diversificação.

Agora compare estes dois portfólios, o eficiente e o ineficiente, com você. Você trabalha em uma única empresa, situada em único setor, mora em um único país e recebe seu dinheiro naquela única moeda. Ou seja, você é muito mal diversificado e corre, sim, risco específico. Na verdade, *muito* risco específico!

E é justamente por esse motivo que aquela avalanche de notícias ruins te deixa assustado. Você tem motivos para tanto. Sua empresa, afinal, pode ser aquela que virá a pedir falência; o seu setor justamente aquele que virá a desaparecer, seu país aquele que pode implodir e a moeda que você usa, justamente aquela a ser desvalorizada. E como a história muito bem nos ensina, coisas ruins acontecem com demasiada frequência. Mas lembre-se: não é porque as notícias são ruins para você que elas serão ruins para seu portfólio!

B. Conclusão

Muitas vezes, ao ver o noticiário, nos preocupamos como certas notícias podem impactar nossos investimentos. Porém, o que pode ser ruim para o nosso dia a dia não é necessariamente ruim para o portfólio. E isto se deve a diferentes fatores. Primeiro, por causa das especificidades das estratégias de investimento, como acontece na renda fixa e renda variável mencionadas anteriormente. Mas principalmente devido à maneira como os portfólios são construídos — com tal diversificação que mitiga parcialmente muitos destes vários riscos.

Na verdade, um portfólio bem construído deveria levar em consideração estes riscos do nosso dia a dia. Deveria refletir que trabalhamos em determinada empresa, em um setor específico, que moramos em um país e usamos determinada moeda. Em certo sentido, este portfólio seria complementar às nossas outras formas de renda, pagando retornos mais altos quando mais precisássemos e retornos menores quando tudo estivesse indo bem. Ou seja, um portfólio bem construído deveria ir bem quando o nosso dia a dia vai mal e ir mal quando o nosso dia a dia vai bem.

Parece complicado? Deixemos as complicações de lado e fiquemos com o ensinamento: da próxima vez que se assustar com o noticiário, não precisa sair vendendo tudo a qualquer preço. Lembre-se: o que pode ser ruim para você não é necessariamente ruim para o seu portfólio.

6
O que você controla no seu portfólio não é exatamente o que você gostaria de controlar

À primeira vista, pode parecer estranho. Porém, em gestão de investimentos, não é possível controlar o retorno e a volatilidade de um portfólio — mas tão somente a alocação entre os ativos.

Mas isto não é exatamente o que você gostaria de controlar, certo?

Na verdade, para qualquer analista de mercado, não controlar o retorno ou a volatilidade do portfólio pode ser uma experiência bastante frustrante. Afinal, com trabalho duro, estudo árduo e pesquisa minuciosa cria-se a expectativa de algum benefício — seja através de uma melhor compreensão do cenário ou uma maior previsibilidade do retorno.

Pior! A Teoria Moderna do Portfólio, que os analistas aprendem nas faculdades, diz que investidores fazem um *trade-off*[33] entre retorno esperado (quanto você espera ganhar) e risco (no caso, volatilidade, ou o quanto sua carteira "chacoalha" ao longo do tempo). E o investidor racional escolheria um portfólio capaz de maximizar o retorno esperado, sujeito a uma dada volatilidade, diante de uma determinada tolerância ao risco. Ou seja, retorno e volatilidade são os conceitos mais relevantes em finanças! Como aceitar não os controlar?

Saiba, caro investidor, que uma melhor compreensão do cenário pode até ser possível de se conseguir. Se isto lhe faz uma pessoa mais instruída e você fica feliz, ainda melhor! A má notícia é que

---

[33] O termo *trade-off* tem o sentido de escolher uma opção em detrimento da outra.

daí a inferir que terá uma maior previsibilidade para o retorno, ou até mesmo a volatilidade, já seria pedir demais. Este é um passo que, simplesmente, não pode ser dado. Na verdade, com desculpas pelas palavras fortes, a evidência empírica contra a previsibilidade nos mercados financeiros é simplesmente esmagadora!

Vamos aos fatos.

A. O retorno

Que os retornos dos ativos sejam extraordinariamente difíceis de se prever, especialmente no curto prazo, é uma lição que todos os investidores irão aprender mais cedo ou mais tarde. Basta investir na bolsa de valores e tentar prever o que irá acontecer com a ação de uma empresa.

Pode-se até contar histórias, desenvolver lindas narrativas e explicar o passado com uma beleza surpreendente. Porém, prever retornos é algo mais indicado para cartomantes, astrólogos e sensitivos do que analistas de mercado. Tanto que, atualmente, na moderna gestão de investimentos, prever retornos é considerado mais uma arte do que uma ciência — algo mais bem indicado para investidores demasiadamente crédulos ou românticos do que para cientistas.

Na verdade, o mercado financeiro tende a ser demasiadamente eficiente em precificar ativos e incorporar toda e qualquer informação disponível — pública ou privada. Existe simplesmente muito dinheiro em jogo para que uma oportunidade de lucro fácil passe despercebida e desaproveitada. E, mesmo para aquelas oportunidades mais complexas, os participantes do mercado tendem a ser bastante bem treinados e suficientemente motivados para descobrir rapidamente a melhor maneira de explorar e extinguir tal oportunidade. E esta eficiência do mercado financeiro só aumenta à medida que a informação fica mais abundante e transita com maior velocidade e mais investidores bem-informados entram no mercado.

Neste sentido, pelo menos no curto prazo, a melhor previsão para o retorno futuro de um ativo é seu retorno atual, e os retornos dos ativos tendem a se comportar de maneira praticamente aleatória, como se algum ente divino jogando "cara ou coroa" governasse o mundo dos investimentos.

Já no longo prazo, existe alguma esperança de previsibilidade. Evidências empíricas sugerem que ações com baixo P/E[34] tendem a ter um retorno futuro mais alto e que, no longo prazo, a renda variável tende a pagar mais do que a renda fixa. Assim como seria esperado que países com inflação mais alta venham a experimentar uma maior desvalorização de suas moedas no futuro. No entanto, mesmo nestes casos, previsibilidade parece estar mais associada a algum tipo de compensação por risco — se é que isto existe — do que na habilidade dos investidores em antever retornos — uma vez que esses retornos sejam ajustados pelo risco mais alto.

Neste sentido, "achar aquele ativo bom e barato, que vai subir de preço, mas que, INACREDITAVELMENTE, ninguém ainda descobriu" talvez não seja algo tão inacreditável assim. Você pode estar apenas sendo compensado pelo risco maior que está correndo. E, eventualmente, este risco pode se materializar — tanto para o bem quanto para o mal.

B. A volatilidade

Outra variável que os investidores podem tentar controlar é a volatilidade do portfólio. A diferença neste caso é que, contrariamente ao que acontece com retornos, lidar com volatilidade tende a ser indicado para analistas com um pendor mais científico do que artístico.

A Teoria do Portfólio nos ensina que volatilidade não é um conceito trivial. Na verdade, sua análise requer um instrumental matemático bastante sofisticado, digno do que um dia foi chamado de *rocket science*. Cabe notar que hoje em dia as nomenclaturas

---

[34] P/E significa *price-earnings*", isto é, a razão entre o preço da ação e o lucro por ação. Esse múltiplo deve ser interpretado em comparação com o setor a que pertence a empresa. Uma companhia com P/Es mais baixos que os concorrentes estaria descontada e teria um potencial de valorização maior que as demais.

mudaram. Analistas de risco que eram chamados de *rocket scientists* hoje viraram *quants*.

Mais uma vez, vamos aos fatos.

Em primeiro lugar, é possível, sim, reduzir a volatilidade de um portfólio através de uma diversificação apropriada. A volatilidade que pode ser diminuída é chamada de risco idiossincrático ou risco específico, pertencente a uma determinada empresa ou a um determinado setor. A matemática da diversificação permite eliminar o risco específico ao olhar para as covariâncias entre os papéis e setores.

Há, porém, uma parte da volatilidade que não pode ser eliminada e é chamada de risco sistêmico, ou risco do sistema. Este é aquele tipo de risco do qual simplesmente não existe onde se esconder, pois afeta todo o portfólio e, portanto, não pode ser eliminado com uma alocação suficientemente pequena em empresas, setores ou estilos.

Em segundo lugar, a volatilidade tende a ser muito mais estável do que os retornos. Em outras palavras, a volatilidade pode ser "volátil", mas dentro de patamares delimitados, muito mais razoáveis. Isto faz com que alguns investidores tenham até mesmo a esperança de controlá-la. Veja os diversos modelos de *Value at Risk*[35] (VAR na linguagem de mercado) e Controle de Estresse. São as conhecidas tentativas de manter a "volatilidade diária anualizada em 4,5%" ou a "volatilidade mensal anualizada do portfólio em 10%" — tão comuns aqui no Brasil.

Embora a volatilidade do portfólio possa ser até certo ponto reduzida e mais estável do que os retornos, tentar controlar volatilidade é uma tarefa inglória. Basta surgir a primeira crise sistêmica e as correlações entre os ativos quebram, e correlações que antes eram negativas tornam-se positivas. Então a volatilidade do port-

---

[35] Modelos de *Value At Risk* são muito importantes em Tesouraria de Bancos ou em instituições em que tanto o lado do ativo quanto o do passivo são ambos extraordinariamente complexos. Este normalmente não é o caso de um investidor pessoa física ou outros investidores institucionais, tais como fundos de pensão e *endowments*. Para uma boa introdução ao *Value at Risk*, ver Kimura, Suen, Perera e Basso (2008).

fólio passa a se mover de maneira totalmente inesperada e todo e qualquer controle, seja VAR, seja Controle de Estresse, acaba sendo jogado por terra. Ou seja, assim como acontece com os retornos, também não é possível controlar a volatilidade.

C. A alocação dos ativos

Vimos que não é possível controlar nem o retorno nem a volatilidade de um portfólio. Há algo que possa ser controlado?

É possível, sim, controlar a alocação dos ativos — e isto pode ser feito com precisão.

Quando falamos de diversificação, vimos que a melhor forma de combinar risco e retorno é combinar diferentes ativos com baixa correlação entre eles. Aí entra o controle da alocação: o quanto colocar em cada um dos ativos e com que frequência rever essa alocação.

Na verdade, a alocação é um processo que precisa ser refeito e revisto com uma certa periodicidade ou com uma certa sistematicidade — o que chamamos de rebalanceamento do portfólio. O rebalanceamento chega a ser um processo contraintuitivo: devemos vender quando o preço está subindo e comprar quando o preço está caindo, de maneira a manter a alocação desejada. Parafraseando um colega de mercado, rebalancear o portfólio equivale a "vender o cavalo bom para comprar o cavalo ruim" — porque você vende o ativo com melhor desempenho, que está subindo de preço, para comprar aquele que está caindo, ou seja, que teve um pior desempenho.

Mas existem aqui alguns senões. Rebalancear o portfólio com demasiada frequência gera uma grande quantidade de transações e, consequentemente, custos mais elevados. E custos são um componente importante de uma estratégia de investimento que, diferentemente do retorno e da volatilidade, são algo que o investidor também consegue controlar.

Por outro lado, sem rebalanceamentos frequentes, os senões são outros. Com o passar do tempo, o portfólio pode perder totalmente suas características iniciais e até mesmo tornar-se ineficiente, com uma concentração excessiva em certos ativos ou setores.

Na verdade, sobre controlar a alocação dos ativos, existem opiniões para todos os gostos — daqueles que preferem rebalanceamentos frequentes ou infrequentes, daqueles que preferem rebalanceamentos baseados em intervalos de tempo ao invés de características do portfólio e assim por diante. A vantagem é que controlar a alocação dos ativos é algo factível — enquanto controlar diretamente o retorno e a volatilidade não é.

D. Conclusão

O professor Stephen Shreve (2004) escreveu um ótimo livro de finanças que explica Teoria de Investimentos através de um jogo de moedas.

Controlar o retorno de um portfólio seria o equivalente a controlar se uma moeda lançada ao ar vai dar cara ou coroa — algo impossível de ser feito em um jogo honesto! Significa que você também não consegue controlar o retorno do seu portfólio em um investimento honesto.

Por outro lado, controlar a volatilidade do portfólio seria o equivalente a controlar a probabilidade de uma moeda cair cara ao invés de coroa. Isto também não pode ser feito. Em um jogo honesto, esta probabilidade é de 50% e pronto! Da mesma maneira, não é possível controlar que a "volatilidade diária anualizada" do seu portfólio seja de 4,5% ou que a "volatilidade mensal anualizada" seja de 10%. Não existe VAR, Controle de Estresse ou estratégia de derivativos — por mais sofisticada que possa ser — que garanta este resultado.

Por sua vez, controlar a alocação dos ativos do seu portfólio seria o equivalente a controlar o número de vezes em que você lança uma moeda no ar. E isto pode ser feito. Obviamente, não garante que a próxima jogada resultará em cara ao invés de coroa ou que a frequência observada nos primeiros lançamentos será de 50%. Porém, quanto mais vezes você lança a moeda ao ar, maior a chance de as frequências começarem a convergir. E uma aposta de que metade dos lançamentos resultará em cara ao invés de coroa fica cada vez mais factível.

Pois é exatamente assim que funciona o controle sobre a alocação dos ativos. Ele não garante nem o retorno nem a volatilidade do seu portfólio. Porém, se você jogar o jogo de investimentos repetidas vezes, tanto o retorno quanto a volatilidade gradativamente convergem para aquilo que deveriam ser. É preciso apenas ter paciência.

Controlar a alocação dos ativos ao invés do retorno e volatilidade do portfólio não é exatamente aquilo que você esperava controlar inicialmente. Mas é importante entender que é apenas isto que podemos realmente fazer. Quanto antes aceitarmos o que podemos fazer, ao invés de tentar controlar o incontrolável, mais cedo podemos focar naquilo que de fato pode trazer resultados.[36]

---

[36] Muitos investidores têm problemas em aceitar que é extraordinariamente difícil, senão impossível, controlar o retorno de um investimento. Neste sentido, estes investidores estão em busca de missões impossíveis e, usando as palavras duras de um colega do mercado financeiro, "pedem para ser enganados". Muitas vezes, tais investidores acabam por embarcar em investimentos com inúmeros riscos ocultos e volatilidade disfarçada; que podem se materializar para o bem — neste caso, beneficiando muito mais os gestores do que os investidores — ou para o mal — neste caso, prejudicando muito mais os investidores do que os gestores. Para uma análise mais detalhada dos riscos ocultos e da volatilidade disfarçada em diferentes tipos de investimentos, ver *Armadilhas de investimento*, de Tenani, Cintra, Leme e Villares (2015).

7
Volatilidade não é risco

Deveria ser óbvio que "volatilidade" e "risco" são coisas muito diferentes. Portanto, é curioso que no mercado financeiro estes dois termos sejam utilizados como se fossem intercambiáveis e significassem exatamente a mesma coisa — o que não é verdade.

Enquanto volatilidade significa apenas uma oscilação ou variabilidade, risco é algo muito mais sério. Veja a própria definição do dicionário Merriam-Webster, que define volatilidade como "tendência a mudar de forma rápida e imprevisível", enquanto risco é "possibilidade de perda ou lesão".

Comecemos com alguns exemplos de "volatilidade" e "risco" que serão mais bem elaborados nas seções seguintes. Na renda variável, um portfólio de ações bem diversificado, sem exposição a uma empresa específica, setor, país ou moeda, possui volatilidade, mas muito pouco risco. Ou seja, é um portfólio que irá oscilar, mas não irá quebrar. Por outro lado, se você diversificar mal este portfólio e concentrar todo o investimento em uma única empresa, além de volatilidade você também correrá risco. Basta a empresa pedir falência — por algum problema específico, ou do setor, ou do país, ou qualquer outro — e você verá todo o seu investimento ir embora. Ou seja: "probabilidade de perda ou lesão" como no Merriam-Webster. Em outras palavras, risco.

Algo parecido também acontece em uma estratégia de crédito. Empreste seus recursos para uma única empresa e você incorrerá em risco. Empreste para inúmeras empresas, em um portfólio bem diversificado e você terá transformado risco em volatilidade. E existem vários outros exemplos parecidos relacionados com investimentos em moedas, *commodities*, *Private Equity*, *Hedge Funds* e inúmeras outras classes de ativos.

A. Transformando risco em volatilidade

A ideia de que diversificação é uma forma de transformar risco em volatilidade é uma lição das mais importantes. O que acontece é que portfólios mal diversificados correm o chamado risco idiossincrático, ou risco específico — específico a uma empresa, um setor, um país, uma moeda etc. E uma diversificação bem implementada consegue transformar este risco específico em meras oscilações. Por exemplo, em um portfólio com quatro empresas, cada uma com um peso de 25%, você corre, sim, o risco de algo dar muito errado com uma delas e seus 25% investidos nela virarem pó. E uma perda de 25% do investimento é uma perda relevante; portanto, risco.

Pense, por outro lado, em um portfólio muito bem diversificado, com algo em torno de 100 empresas, cada uma com 1% de exposição. Este portfólio não corre mais o risco de nenhuma empresa específica. Obviamente, se algo der muito errado com alguma empresa específica, isto é ruim para o portfólio — mas para apenas 1% do portfólio! Ou seja, é algo marginalmente ruim, uma perda plenamente superável. Em outras palavras, não é risco. Por outro lado, este portfólio diversificado em 100 empresas irá subir e descer de maneira totalmente imprevisível e terá volatilidade.

Alguns números são ilustrativos. No Brasil, a ação de uma única empresa pode ter uma volatilidade que chega a 50% ao ano[37] — e às vezes mais. Portanto, um evento de dois desvios-padrão, que deve ser esperado em condições de completa normalidade, eliminaria todo seu investimento. Já em um portfólio de ações bem diversificado esta volatilidade pode cair para 20% — mantendo o mesmo retorno esperado. Portanto, você precisaria de um even-

---

[37] A volatilidade média de uma ação do índice Bovespa é ao redor de 40% ao ano, com a ação mais volátil tendo um desvio-padrão de aproximadamente 80%, e a menos volátil um desvio-padrão de 20%.

to de cinco desvios-padrões, que em condições de Normalidade acontecem uma vez a cada 1.744.278 anos, para perder todo o seu investimento. Ou seja, a diversificação transformou risco em volatilidade.

B. O exemplo da renda fixa: sem risco, apenas volatilidade

O caso da renda fixa é bastante interessante. Pode-se argumentar que, sob certas condições, este é um investimento que possui apenas volatilidade, mas nenhum risco. Veja o caso da compra de um título indexado à inflação emitido pelo governo brasileiro (uma NTN-B), que prometa pagar R$ 1 milhão daqui a 10 anos, corrigidos pela inflação; mais uma taxa de juros de 6% ao ano.

Este investimento possui risco? Possivelmente sim: (i) o governo brasileiro pode querer aumentar substancialmente a alíquota de impostos sobre o retorno; (ii) a inflação pode vir acima do esperado, comendo então parte de retorno real líquido (*sim*, você paga imposto sobre a taxa de inflação!); (iii) o governo pode resolver seguir o exemplo argentino e subavaliar o índice de inflação; (iv) o governo pode simplesmente resolver não pagar este título; (v) e assim por diante. Ou seja, existem, sim, riscos. Mas eles são improváveis. Portanto, estes riscos à parte, você sabe que daqui a 10 anos receberá seu dinheiro de volta, corrigido pela inflação e com juros reais de 6% ao ano. Ao que tudo indica, comprar uma NTN-B sob estas condições é basicamente um investimento sem risco!

No entanto, este título do governo, apesar de sem risco, ainda assim possui volatilidade; na realidade, muita volatilidade. Por exemplo, assuma uma inflação implícita de 6,5% ao ano pelos próximos 10 anos. Neste caso, você poderia comprar esta NTN-B por R$ 307.946,15; um desconto de 69,2% sobre aquele 1 milhão de reais corrigidos pela inflação que você espera receber daqui a 10 anos. Um ótimo negócio, não?

Assuma agora que as circunstâncias de mercado mudem e as taxas de juros reais aumentem para 8% ao ano. Com a inflação implícita ainda em 6,5% ao ano, este título agora valeria R$ 258.193,40; uma queda de 16% sobre os R$ 307.046,15 que você pagou! E aqui vai a pergunta: esta queda de 16% é uma perda ou apenas uma oscilação? É risco ou apenas volatilidade?

No caso da renda fixa, é apenas volatilidade. Na verdade, apesar da queda de 16%, no vencimento, daqui a 10 anos, você continuará a receber o mesmo 1 milhão de reais, corrigido pela inflação, adicionados a juros de 6% ao ano. Tudo conforme combinado. Ou seja, no vencimento do título nada mudou! O que mudou foi o caminho que o preço deste título terá de percorrer até chegar lá, que não será mais uma linha exponencial crescendo 6% ao ano em termos reais.

Agora, na medida em que as taxas de juros mudam, este preço sofrerá oscilações. Portanto, (i) quando os juros de mercado sobem, o preço da NTN-B cai para pagar este juro mais alto, exatamente como no exemplo anterior, onde a queda foi de 16%; e (ii) quando os juros de mercado caem (por exemplo para 4% em termos reais), o preço da NTN-B sobe, para pagar este juro menor (neste caso, o preço sobe 20%). Como, no final das contas, você continua a receber exatamente o combinado — 1 milhão de reais, daqui a 10 anos, corrigidos pela inflação, com juros de 6% ao ano —, tudo isto é apenas oscilação e não perda. Em outras palavras, tudo isto é volatilidade, mas não é risco.

C. Transformando volatilidade em risco

Obviamente, um investidor assustado, ou um investidor que não possa aguardar aqueles 10 anos até a maturidade do título, pode acabar tendo que vender na baixa, amargando o prejuízo — de 16% no exemplo anterior. Uma pena! Este investidor transformou volatilidade em risco e o que seria apenas uma oscilação transformou-se definitivamente em perda. Portanto, é muito importante tomar cuidado ao investir em renda fixa. Tenha certeza de ter estômago e bolso suficientes para segurar até o vencimento do título. Ou arque com as consequências!

É fato que o inverso pode também ocorrer. Ou seja, que as taxas de mercado caiam e o investidor tenha um lucro superior aos 6% a.a. ao vender o título antes do vencimento. Mas comprar um título com esta expectativa — de vendê-lo antes do vencimento — só faz sentido para investidores que estejam com uma visão mais especulativa e ciente dos riscos da estratégia e os fatores que a afetam.

O capítulo a seguir explora mais este ponto em que, sem o devido cuidado, e em certas circunstâncias, o investidor pode transformar volatilidade em risco e ser obrigado a arcar com "perdas ou lesões" permanentes, ao invés de oscilações de preços que poderiam ser apenas transitórias.

D. Conclusão

No mercado financeiro, "volatilidade" e "risco" são muitas vezes considerados sinônimos, como se representando um mesmo conceito. Mas isto não é verdade: volatilidade é apenas oscilação, enquanto risco é algo muito mais sério, que resulta em perdas.

É possível transformar risco em volatilidade, como também fazer o contrário, transformando volatilidade em risco. Por exemplo, risco pode ser transformado em volatilidade através da diversificação e saber diversificar é um dos conhecimentos mais valiosos na prática de investimento. Por outro lado, é possível também transformar volatilidade em risco — transformar simples oscilações em perdas permanentes. Isto acontece quando, por falta de estômago ou falta de planejamento, compramos um título de renda fixa e não aguardamos até a maturidade. As perdas podem ser enormes e, para que uma estratégia de investimentos tenha sucesso, este é um caminho a ser evitado.

8
Transformando volatilidade em risco

Este capítulo trata de uma das maiores fontes de prejuízo para aqueles investidores que, apesar de terem portfólios bem construídos, transformam o que seriam apenas oscilações em perdas permanentes. Por isso, cabe aqui um alerta ao leitor: desconsiderar o que é dito a seguir é arriscado e pode ser bastante prejudicial para seus investimentos.[38]

Estamos falando de alterações abruptas em uma estratégia de investimentos. Daquelas mudanças repentinas dos objetivos ou características do portfólio que, muitas vezes, acontecem no meio de uma crise quando os preços já caíram e não existe mais nada a ser feito. Ou daquelas reversões súbitas que ocorrem durante períodos prolongados de baixo desempenho e o cansaço domina as decisões racionais.

São circunstâncias em que a estratégia de investimentos deixa de ser obedecida, por mais que tenha sido amplamente discutida, alinhada com os objetivos de médio/longo prazo — considerando, desde sua concepção, diferentes cenários de estresse.

O investidor então desfaz suas posições, corre para a saída e, apesar de todas as recomendações contrárias, joga-se no precipício. Os prejuízos podem ser imensos.

Mas o que leva a estas alterações bruscas de estratégia? O que faz com que conversas anteriores sobre a importância da disciplina de investimentos sejam, de repente, desconsideradas? O que faz com que investidores que aparentavam ser racionais, subitamente, se atirem no abismo?

---

[38] Como discutido nos capítulos 6 e 7.

Estas alterações acontecem quando o investidor tem um portfólio cuja volatilidade é incompatível com seu perfil de risco. Sim, perfil de risco! Esta é a denominação dada pelo mercado — que erroneamente confunde volatilidade com risco. Porém, como falamos no capítulo anterior, volatilidade *não* é risco. O nome deveria ser, portanto, perfil de volatilidade, que é a denominação que será usada daqui para a frente.

A seguir, serão discutidos dois motivos, entre vários, que causam uma incompatibilidade entre a volatilidade do portfólio e o perfil de volatilidade do investidor — talvez os mais comuns. São eles: (i) investidores que têm condições financeiras, mas não emocionais, de arcar com a volatilidade do portfólio e (ii) investidores que têm condições emocionais, mas não financeiras, de arcar com a volatilidade do portfólio.

Em ambos os casos, se não reconhecidos antecipadamente, uma estratégia de investimento bem-feita pode vir a ser alterada justamente no pior momento possível, resultando em uma gigantesca destruição de patrimônio. Note também a necessidade de entender não apenas o financeiro, mas também o emocional dos investidores — que às vezes podem ser uma família ou um grupo. E este é um campo de estudos que vai muito além de finanças e que abrange, também, psicologia e dinâmicas de grupos.

Mas, antes de prosseguirmos, cabe uma analogia para melhor ilustrar esta discussão complexa.

A. Volatilidade e o braço do pêndulo

Primeiro, cabe lembrar que estamos tratando de portfólios bem construídos e eficientemente diversificados. Portanto, estes portfólios não correm risco considerável, mas, mesmo assim, oscilam e possuem volatilidade. Ou seja, podem chacoalhar, mas não irão quebrar. Daí o nome apropriado ser perfil de volatilidade e não perfil de risco, como é erroneamente conhecido no mercado.

Comparemos a volatilidade destes portfólios com a oscilação de um pêndulo. Por exemplo, um portfólio com uma volatilidade de 10% ao ano, em situações de Normalidade, oscilaria 95% das vezes em um intervalo de +/-20% ao ano ao redor do seu retorno médio.

Caso este portfólio fosse um pêndulo, ele teria um braço de certo comprimento que garantiria que movimentos negativos fossem seguidos por movimentos positivos de mesma intensidade, neste caso, 20% ao ano. Portanto, um movimento de 20% para a esquerda (negativo) seria seguido de outro de 20% para a direita (positivo) e vice-versa. Lembre-se, como é um pêndulo bem construído, ele não corre o risco de quebrar.

No mercado financeiro este movimento pendular não é assim tão exato, pois podem acontecer movimentos negativos ou positivos que se repetem ou se alternam de maneira aleatória. Além do mais, os movimentos também não são precisamente da mesma amplitude (20% no exemplo) e podem ser maiores ou menores. Ou seja, a analogia com o pêndulo não é exata, mas sim disfarçada.

Porém, assim como no caso do pêndulo, no mercado financeiro, em várias circunstâncias, movimentos negativos são eventualmente seguidos de movimentos positivos e vice-versa. Ou seja, existe, sim, um movimento pendular. E isto é o mais importante de ser entendido.

Vejamos o que acontece em resposta a uma elevação nas taxas de juros pelo Banco Central. Neste caso, o preço dos ativos inicialmente cai, para em seguida poder pagar o juro mais elevado. Portanto, um movimento pendular.

No caso de investimentos em renda fixa, o movimento pendular é exato: o preço dos títulos inicialmente cai e, em um segundo momento, sobe na proporção exata retornando, na maturidade, exatamente ao que havia sigo acordado. Portanto, na maturidade, apenas volatilidade e nenhum risco![39] Em outras palavras, para investimentos em renda fixa, o movimento do pêndulo para a esquerda (queda dos preços dos títulos) é exatamente igual ao movimento do pêndulo para a direita (aumento dos preços dos títulos).

---

[39] Cabe notar que, neste exemplo, estamos chamando de renda fixa investimentos em títulos soberanos e não de crédito e, portanto, desconsiderando os casos em que o devedor fica inadimplente.

Porém, este movimento pendular também existe para investimentos em outras classes de ativos que não apenas a renda fixa. Mas, nestes casos, eles existem apenas em probabilidade. Por exemplo, na renda variável, em resposta a um aumento dos juros pelo Banco Central, os preços das ações inicialmente caem para, em um segundo momento, pagar um retorno mais alto — com maior probabilidade.

Em outras palavras, no caso da renda variável, o retorno futuro mais alto não é exato, mas apenas mais provável. Ou seja, existe volatilidade e também algum risco; risco de que o movimento pendular para a direita (aumento de preço) venha a ser menor — ou, quem sabe, maior — do que aquele da esquerda (queda de preço).[40]

Mas, deixando estas especificidades de lado, a analogia de movimento pendular é especialmente importante para ilustrar como mudanças abruptas de estratégia transformam o que seriam apenas oscilações em perdas permanentes.

Para tanto, considere o caso em que, num ciclo de aumento de juros — e depois de um movimento de 20% para a esquerda (uma queda de 20%) —, o investidor decida que o braço do pêndulo é longo demais e o substitui por um pêndulo de braço muito mais curto; com amplitude de 2%. Dá para notar que, com a troca do braço do pêndulo, aquela oscilação de 20% negativos transformou-se em uma perda definitiva?

Ou seja, um portfólio bem construído, mas com volatilidade mais alta, foi, depois de uma queda de 20%, substituído por outro de volatilidade muito mais baixa — igualmente bem construído. O que era apenas volatilidade foi transformado em risco e a oscilação negativa de 20% deixou de ser um mero chacoalho para transformar-se em uma perda definitiva de patrimônio.

Por sinal, o mercado tem duas ótimas analogias — que não a analogia do pêndulo utilizada neste capítulo — para ilustrar o grande erro que é mudar de estratégia no meio de uma crise, transformando volatilidade em risco. Na primeira, o investidor "perde

---

[40] Na verdade, a volatilidade tende a ser assimétrica, sendo maior para eventos negativos do que positivos. Ver Guimarães (2023).

de balde para depois ganhar de copinho". Na segunda, o investidor "desce de elevador para depois subir de escada".

Mas por que um investidor, depois de um movimento do pêndulo para a esquerda, decidiria equivocadamente trocar o pêndulo por outro de braço muito menor? Pois é isto que analisaremos a seguir.

E esta decisão equivocada está relacionada com uma incompatibilidade entre o perfil de volatilidade do investidor e o tamanho do braço do pêndulo, ou, em outras palavras, a volatilidade do portfólio.

B. Investidores com condições financeiras, mas não emocionais

Considere um investidor que planeja arcar, daqui a 10 anos, com um compromisso de 10 milhões de reais — por exemplo, a compra de imóveis para seus filhos.

Uma das várias opções de investimento seria comprar um título prefixado do governo brasileiro que se comprometesse a pagar estes 10 milhões daqui a 10 anos. Se as taxas de juros prefixadas de 10 anos estiverem em 12,75%, este título do governo poderia ser comprado por aproximadamente 3 milhões de reais. Notem bem: um desconto de 70%! Ou seja, com 3 milhões de reais você compra R$ 10 milhões para daqui a 10 anos!

Cabe notar que descontos desta magnitude só acontecem em países como o Brasil, onde as taxas de juros são estratosféricas e mascaram muitos erros de investimento. Porém, descontos assim tão generosos não devem ser esperados nos Estados Unidos, Reino Unido, Zona do Euro e Japão, onde as taxas de juros são de magnitudes mais civilizadas e onde é muito mais difícil mascarar erros de investimento.

Note também que, como já argumentado no capítulo 7, sob certas circunstâncias, não existe risco neste investimento prefixado: daqui a 10 anos, o investidor receberá do governo brasileiro os R$ 10 milhões conforme combinado. Porém, apesar de não existir risco, existe, sim, *muita* volatilidade, ao redor de 10% ao ano como no exemplo na seção anterior. Afinal, toda vez que as taxas de juros subirem ou descerem, o preço deste título terá que se ajustar.[41]

Na verdade, movimentos de até +/-20% deveriam ser esperados inicialmente, em condições de Normalidade, em 95% das vezes. Em outras palavras, oscilações de até R$ 600 mil, daqueles 3 milhões inicialmente investidos, deveriam ser esperadas. No entanto, estas oscilações não são nem perdas nem ganhos, mas mera volatilidade. Daqui a 10 anos o governo irá pagar ao detentor do título exatamente aqueles R$ 10 milhões inicialmente contratados.

Mas será que este investidor tem condições emocionais para lidar com esta volatilidade? Ele dorme direito à noite com uma oscilação negativa de R$ 600 mil? Ele tem realmente confiança de que o pêndulo, ou o portfólio, não irá quebrar? E se, por acaso, dois anos de retornos negativos forem seguidos de um terceiro ano negativo? O investidor permanecerá sereno ou vai perder o controle e sair vendendo tudo?

Antes de implementar uma estratégia de investimentos, estas questões devem ser plenamente resolvidas. Além do mais, neste caso específico, a questão é totalmente emocional, pois o investidor tem condições de esperar os 10 anos até a maturidade do investimento prefixado. Ele não vai ser forçado, financeiramente, a ter que zerar a posição antes do tempo.

Volatilidade só se transforma em graves perdas quando o investidor muda de ideia diante de uma oscilação para baixo. Aí sim, a probabilidade de receber aqueles 10 milhões daqui a 10 anos vai pelos ares. Quando esse futuro chegar, os filhos possivelmente terão que se contentar em morar em residências menores ou bairros menos valorizados.

Alguns cálculos são ilustrativos da magnitude destas perdas. E lembre-se que, no Brasil, elas são suavizadas pelos juros elevados.

Suponha que, logo de início, o investidor incorra na queda de R$ 600.000 e decida mudar a estratégia de investimentos, saindo

---

[41] Estamos nos referindo à oscilação do título no período inicial, quando ele foi comprado. Conforme nos aproximamos do vencimento, o título vai ficando com prazo mais curto e oscila cada vez menos.

do prefixado e colocando os R$ 2,4 milhões restantes no CDI — o pêndulo de braço mais curto. Assuma um CDI inicial de 13,75% ao ano, mas com expectativas de mercado de que caia para 8% em três anos. Estas são hipóteses compatíveis com a realidade brasileira e que já existiram no passado. Neste caso, o investidor teria, daqui a 10 anos, aproximadamente R$ 5,7 milhões e não mais aqueles R$ 10 milhões inicialmente planejados.

O leitor pode perceber a magnitude da perda? Dá para entender como volatilidade é transformada em risco com a diminuição do braço do pêndulo?

Na verdade, para um investidor que possua os recursos, mas não o sangue frio para aguentar a volatilidade, a melhor estratégia seria investir no CDI desde o início. Esta é a estratégia de investimento de baixíssima volatilidade, em que os R$ 3 milhões aumentariam de valor ano após ano.

Porém, não pense que esta é uma estratégia desprovida de risco. Diferentemente do prefixado, investir no CDI resulta no risco de que aquele plano de R$ 10 milhões para daqui a 10 anos não seja atingido. Afinal, ninguém sabe quanto vai ser o CDI no ano que vem, no próximo ano ou no décimo ano do investimento!

Novamente, vamos aos cálculos. E, para tanto, vamos manter os números anteriores: CDI em 13,75% ao ano, mas caindo para 8% em três anos. Neste caso, aqueles R$ 3 milhões inicialmente investidos se transformariam, em 10 anos, em aproximadamente R$ 7 milhões — consideravelmente abaixo dos R$ 10 milhões pretendidos, mas confortavelmente acima dos R$ 5,7 milhões que resultariam da mudança de estratégia durante uma crise.

O investidor dormiu melhor, seus investimentos subiram ano após ano, mas seus filhos, em contrapartida, terão que morar em uma residência menor ou em um bairro menos valorizado. Ou ambos! Mas não é assim tão ruim quanto seria no caso da mudança de estratégia descrita anteriormente.

O que fica claro destes exemplos é que a pior estratégia de investimentos é aquela em que o investidor muda de ideia no meio do caminho — trocando o braço do pêndulo por um menor justamente quando há uma oscilação negativa. Esta foi a estratégia em que o portfólio ficou mais distante de seus objetivos de investimento — R$ 5,7 milhões, contra os R$ 10 milhões planejados para daqui a 10 anos.

Teria sido muito melhor se a estratégia com o pêndulo de braço mais curto (o CDI) tivesse sido a escolhida desde o início — R$ 7 milhões contra os R$ 10 milhões planejados. Esta estratégia (do CDI), por sua vez, tem seus benefícios, mas também seus custos. Pelo lado dos benefícios, a volatilidade é muito baixa e o investimento inicial aumenta ano após ano. Porém o custo, ou risco, está no fato de que o objetivo de investimento (os R$ 10 milhões daqui a 10 anos) não será atingido. Portanto, mais cedo ou mais tarde, esta estratégia irá requerer algum ajuste de expectativas — ou do investidor, ou dos seus filhos!

Por outro lado, a estratégia do pêndulo mais longo (o prefixado) tem também seus custos e benefícios. O custo são as oscilações ou a volatilidade (10% ao ano). Volatilidade incomoda e incomoda mais a uns do que a outros. O benefício é que, apesar de você não saber o valor do seu investimento no dia de amanhã — e ele pode, inclusive, cair —, você sabe exatamente seu valor (R$ 10 milhões) na maturidade, daqui a 10 anos. Neste caso, portanto, daqui a 10 anos não será necessário nenhum ajuste de expectativas.

C. Investidores com condições emocionais, mas não financeiras

Considere o mesmo investidor da seção anterior, que daqui a 10 anos planeja arcar com um compromisso de 10 milhões de reais para a compra de imóveis para seus filhos. Ele tem as mesmas opções de investimento: (i) o título prefixado, um investimento sem risco, mas com muita volatilidade; (ii) o investimento no CDI, um investimento com risco, mas com baixa volatilidade; e, por fim, (iii) a pior estratégia de todas, começar com o pêndulo de braço longo (o prefixado) e, na primeira oscilação negativa, mudar para o pêndulo de braço curto (o CDI).

A diferença é que, no caso atual, o investidor é forçado a mudar sua estratégia de investimento não por pressões emocionais, como na seção anterior, mas sim por pressões financeiras. Por exemplo, os filhos se casaram antes do previsto e precisaram dos imóveis mais cedo. Ou o investidor precisou dos recursos para cobrir um prejuízo inesperado em algum empreendimento. Ou várias outras circunstâncias não emocionais que forcem o investidor a zerar posição.

Contrariamente ao caso da seção anterior, em que fatores emocionais levaram o investidor, mesmo sem precisar, a vender durante uma crise, agora o investidor precisa, sim, vender.

Ou seja, neste caso, o investidor está à mercê da sorte e do azar; e pode ter que vender em um momento pior ou, quem sabe, em um momento melhor. É, portanto, uma situação relativamente menos grave do que a anterior, onde, por falta de estrutura emocional, o investidor vende com prejuízo. Ou seja, no caso do investidor desta seção, um mau planejamento ou circunstâncias não previstas fazem seu investimento estar sujeito aos desígnios da fortuna — como se, ao invés de investir, ele tivesse comprado um bilhete de loteria. Obviamente, é uma situação menos grave, mas que, de qualquer maneira, deve ser evitada.

D. Conclusão

Volatilidade não é risco e, portanto, perfil de volatilidade não é a mesma coisa que perfil de risco. O mercado, no entanto, usa estes termos como se fossem intercambiáveis; e, como vimos, não são.

Neste capítulo consideramos o caso de portfólios bem diversificados, que estão apenas expostos a volatilidade e não expostos a risco. Ou seja, são portfólios que oscilam, mas não quebram. Utilizamos também exemplos vindos da renda fixa onde, pode-se argumentar, tudo é volatilidade e nada é risco.

Mas volatilidade, apesar de menos grave do que risco, também incomoda — e incomoda mais alguns investidores do que outros. Portanto, é muito importante adequar a volatilidade do investimento ao perfil de volatilidade do investidor, para que não ocorram mudanças de estratégias no meio do jogo. Pois isto é capaz de transformar volatilidade em risco, ou, em outras palavras, meras oscilações em perdas permanentes.

Para tanto, é importante saber que existem diferentes tipos de investidores. Aqueles que possuem condições financeiras, mas não emocionais, de arcar com volatilidade; e aqueles que possuem condições emocionais, mas não financeiras, de arcar com volatilidade. O primeiro caso é muito mais grave do que o segundo, mas ambos devem ser evitados.

A dificuldade está no fato de que, enquanto entender e antever condições financeiras já são, por si só, tarefas desafiadoras; entender o emocional do investidor é também uma tarefa muitíssimo difícil. Cada investidor possui suas particularidades, suas dinâmicas próprias e suas ansiedades.

Entretanto, por mais difíceis que sejam, estes problemas devem ser satisfatoriamente resolvidos. O risco está em que uma estratégia bem construída venha a ser alterada justamente no pior momento, e aí sim o investimento incorrerá em perdas substanciais.

SEÇÃO 3:
Como investir

Investir não é "achar aquele ativo bom e barato, que vai subir de preço, mas que, INACREDITAVELMENTE, ninguém ainda descobriu".

Na verdade, investir é algo muito mais entediante. Investir é sobre construir bons portfólios e alocar os instrumentos corretos nos seus lugares apropriados.

Com certeza, esta visão entediante sobre investimentos não será tópico de conversa com os amigos sexta-feira à noite no restaurante.

Porém, é assim que se investe racionalmente.

Discutir sobre "aquele ativo bom e barato que vai subir de preço" pode, sim, ser um assunto divertido e servir de conversa com os amigos. Mas, vamos falar a verdade, soa bastante ingênuo. E, com certeza, não te faz um melhor investidor.

Esta seção trata justamente do que você precisa saber para investir adequadamente.

O capítulo 9, "Investir é sobre construir portólios", discute os componentes de um portfólio eficiente e o "processo" a ser seguido para sua construção.

O capítulo traz também um alerta sobre o "portfólio acidental"; o portfólio da maioria dos investidores — "um portfólio que mal consegue formar um todo coerente, quanto mais ser eficiente".

O capítulo 10, "A escolha dos instrumentos", trata dos vários instrumentos utilizados na construção de um portfólio e como deve ser sua alocação dentro de um portfólio bem construído.

Existem instrumentos feitos sob medida para certas funções e é importante que eles sejam utilizados para tanto — e não para alguma outra coisa, como muitas vezes acontece.

O capítulo 11, "Investindo em renda fixa", analisa os instrumentos de renda fixa mais detalhadamente e o seu papel no portfólio.

Discute também quando vale a pena investir diretamente ou através de gestores. O capítulo também analisa vários dos conceitos necessários para entender melhor estes instrumentos; inclusive alguns muito discutidos, mas pouco compreendidos.

O capítulo 12, "Investindo em ações", trata de forma mais detalhada do que talvez seja o mais importante instrumento dentro da categoria renda variável. O capítulo analisa as principais características das "ações" e discute seu papel dentro do portfólio. Discute também quando vale a pena investir diretamente ou através de gestores. O capítulo também explora como deve ser um processo de investimento em ações e sua importância na identificação de habilidade — e não sorte — entre os gestores.

Obviamente, como deve ser feito com tudo relacionado a um investimento tão arriscado quanto "ações", o capítulo faz uma série de alertas.

O capítulo 13, "Fatores e o portfólio de risco", analisa alguns desenvolvimentos recentes em finanças e os respectivos papéis na construção de portfólios eficientes. O capítulo ilustra como identificar fatores de risco e discute sua relação com prêmios de risco, aspectos comportamentais e investimentos temáticos. O que é realmente verdade e o que é apenas uma moda passageira ainda estão por ser determinados.

Construir bons portfólios não é uma tarefa trivial. Mas é isso que significa "Investir". Estes cinco capítulos tratam dos conceitos necessários para a construção de um bom portfólio — ou, em linguagem acadêmica, um portfólio eficiente. Estes capítulos são um importante primeiro passo — senão para investir melhor, pelo menos evitar um "portfólio acidental".

Por fim, o capítulo 14 conclui.

9
Investir é sobre construir portfólios

Há uma prática que remonta há décadas[42] e que ainda sobrevive em alguns setores do mercado financeiro: no passado, investir era apenas sobre ganhar o máximo retorno possível. Era sobre "achar aquele ativo bom e barato, que iria subir de preço, mas que, INACREDITAVELMENTE, ninguém ainda descobriu".

Naqueles tempos distantes, investir tratava exclusivamente sobre a maximização dos retornos. Os portfólios eram concentrados nos ativos com maior potencial de ganho e muito pouco se falava — ou se conhecia — sobre risco. Na verdade, cada gestor considerava-se acima da média e acreditava que sabia investir melhor do que todos os outros; e que, com trabalho duro e dedicação, seria possível antever o preço justo dos ativos e consistentemente vencer o mercado.

Nos dias de hoje, estas ideias soam não apenas inocentes, mas tolas e ultrapassadas. A Teoria do Portfólio ainda não havia sido inventada e seus inúmeros desenvolvimentos — o *Separation Theorem*, o *Capital Asset Pricing Model* ou CAPM, a Teoria dos Mercados Eficientes, o Teorema Modigliani-Miller e o modelo de *Black and Scholes* — mal podiam ser imaginados. Vivia-se numa

---

[42] A maior parte dos desenvolvimentos acadêmicos em finanças ocorreu entre os anos 1950 e 1980, mas eles foram apenas gradativamente assimilados no mercado financeiro — alguns mais rapidamente do que outros. Pode se dizer que, a partir dos anos 1980, esta assimilação tornou-se mais intensa e, mais recentemente, com a explosão das ETFs, a visão acadêmica talvez tenha se tornado dominante. Uma boa revisão sobre como descobertas acadêmicas gradativamente penetraram e transformaram as práticas do mercado financeiro é o livro *Capital ideas*, de Peter Bernstein (1993).

espécie de idade das trevas da prática de investimentos, dominada pelas mais diferentes crenças e por fábulas diversas sobre gestores intrépidos, que possuíam a habilidade especial de achar ativos bons e baratos e que, gentilmente, compartilhavam tamanha habilidade com os seus clientes.

No sentido moderno da palavra, investir tornou-se algo muito diferente. Nos dias de hoje, investir é muito mais sobre risco do que sobre retorno. É muito mais sobre saber diversificar do que concentrar. Na verdade, investir, em seu sentido moderno, é sobre construir bons portfólios — ou portfólios eficientes, no linguajar acadêmico —, portfólios que não corram risco de graça e que balanceiem risco e retorno de maneira apropriada.

Além do mais, nos dias de hoje, aquela crença inocente de que seria possível consistentemente vencer o mercado foi, em grande parte, desmistificada. Então, aqueles gestores intrépidos do passado deixaram de ser vistos como detentores de habilidades especiais, mas simplesmente como investidores que correram mais risco.

Construir portfólios eficientes, entretanto, não é uma prática trivial. Muito pelo contrário, é uma atividade extraordinariamente técnica. Para tanto, é necessário estimar as interações entre os diferentes ativos do portfólio — e não mais apenas o retorno, como era feito no passado. Além do mais, o valor de cada ativo tem que ser calculado com base em sua contribuição para o portfólio — e não simplesmente de acordo com suas características individuais.[43]

Neste sentido, na tarefa de construir um portfólio eficiente, muitos investidores provavelmente precisarão de ajuda. E este capítulo é um primeiro passo nesta direção. O objetivo não é, obviamente, exaurir um tema complexo, até porque já existem ótimos

---

[43] Uma comparação interessante pode ser feita com investimentos no mercado de arte. Pela Teoria do Portfólio, a precificação de um quadro (o "ativo") não deveria ser feita de acordo com suas características individuais (beleza, tema, autor etc.). Na verdade, seguindo a lógica do CAPM, cada colecionador deveria precificar cada quadro (o "ativo") por sua contribuição ao valor da sua coleção de arte (portfólio).

livros sobre o assunto.[44] Mas, sim, ilustrar alguns pontos fundamentais e fornecer um roteiro básico sobre como construir um portfólio eficiente. E, em particular, ressaltar o conceito de que todo portfólio eficiente é composto por dois outros portfólios — chamados de portfólios base.

O primeiro portfólio base, e talvez o mais importante, é o portfólio de mínimo risco e seu objetivo é minimizar o risco do investimento. Já o segundo portfólio base é o portfólio de risco, cujo objetivo é maximizar o retorno do investimento. Um portfólio eficiente combina estes dois portfólios base de maneira a atender, da melhor maneira possível, os objetivos de investimento e o perfil de risco do investidor — uma tarefa por si só já bastante árdua.

Antes de descrever o portfólio eficiente e seus componentes fundamentais — o portfólio de mínimo risco e o portfólio de risco —, vamos começar por descrever o que é, provavelmente, o portfólio da maior parte dos investidores: o portfólio acidental. E saiba que o portfólio acidental é tudo, menos eficiente!

A. O portfólio acidental

Podemos usar o dicionário para qualificar melhor o que seria um portfólio acidental.

"Portfólio acidental: um portfólio que ocorre por acaso, de maneira casual, eventual, sem intenção."

Pois esta seria uma ótima descrição dos portfólios da maioria dos investidores. Portfólios que nada mais são do que um amontoado de coisas que alguém ligou oferecendo para vender — e que o investidor simplesmente comprou! Portfólios que não têm nenhuma relação com os objetivos de investimento ou perfil de risco. Portfólios que ninguém pensou ou planejou e que são portfólios apenas por "acidente".

Na verdade, quem já teve a oportunidade de olhar o típico portfólio de um investidor pessoa física sabe do que estamos fa-

---

[44] Ver, por exemplo, Markowitz (1967).

lando. E tem motivos para ficar bastante assustado! Na maioria das vezes, este portfólio é um amontoado de produtos caríssimos — produtos estruturados, instrumentos de crédito, produtos de aposentadoria, fundos que investem em fundos que investem em fundos que investem em fundos — e uma infinidade de outros ativos que fazem pouco sentido para os objetivos do investidor.

Podemos até imaginar como estes ativos acabam entrando no portfólio acidental. Instituições financeiras promovem uma campanha para vender certos produtos e colocam isso nas metas dos seus gerentes. Ou estruturas generosas de rebate,[45] que levam os distribuidores a venderem justamente aqueles produtos pelos quais recebem a maior remuneração.

Porém, existe uma infinidade de outras distorções, típicas de um mercado financeiro que ficou mais interessado em vender produtos do que em assessorar seus clientes. O resultado de tudo isso é justamente o que estamos denominando de portfólio acidental — um portfólio que mal consegue formar um todo coerente, quanto mais ser eficiente.

Como chegamos a uma situação como esta é uma história à parte, mas é uma transformação que vem ocorrendo há pelo menos duas décadas. Um mercado financeiro mais interessado em vender produtos do que assessorar clientes seria o equivalente a um mecânico de automóveis que recebe mais por revender peças usadas do que simplesmente consertar seu automóvel.

Este novo mundo, que privilegia vender produtos a dar assessoria, pode ser bastante hostil tanto para os proprietários de automóveis quanto para os investidores. Na área de investimentos, o resultado é justamente o portfólio acidental: caro, ineficiente, desprovido de objetivos, sem relação com o perfil de volatilidade, lotado de riscos ocultos e, ainda pior — como muitos investidores acabam por perceber no médio prazo —, uma péssima decisão de investimentos.

---

[45] Rebates são uma espécie de comissão paga pelos gestores aos distribuidores de fundos. A comissão é um tipo de remuneração que, na verdade, acaba não chegando no bolso do cliente final, isto é, o investidor.

B. O portfólio eficiente

Feito o alerta sobre o portfólio acidental, podemos passar ao que realmente interessa neste capítulo, que é a discussão sobre bons portfólios — ou portfólios eficientes.

Vamos então, mais uma vez, recorrer ao dicionário, só que agora para qualificar um portfólio eficiente. A definição é a seguinte: "Um portfólio eficiente, ou um portfólio ótimo, é aquele que provê o maior retorno esperado para um certo nível de risco[46] ou, alternativamente, um portfólio que tenha o menor nível de risco para um certo retorno esperado."

Note que, em comparação com o portfólio acidental, a definição de portfólio eficiente é muito mais técnica. Em primeiro lugar, o termo eficiente, no sentido de ótimo, é emprestado de Programação Linear, uma área da Matemática desenvolvida na década de 1950 por Tjalling Koopmans.[47]

A própria definição já vem imbuída de pura análise custo-benefício — uma técnica típica de economia — com o custo sendo o risco do portfólio e o benefício, o retorno esperado. Por fim, poderíamos complicar a definição mais ainda e dizer que "um portfólio eficiente é aquele que se encontra na fronteira eficiente", como fazem inúmeros autores.

Já mencionamos que a construção de um portfólio eficiente é uma tarefa bastante técnica. Portanto, nesta seção o foco será apenas em alguns aspectos fundamentais que sirvam como uma primeira ajuda para um investidor interessado. E destes aspectos fundamentais talvez o mais importante seja que um portfólio efi-

---

[46] Como discutido nos capítulos 7 e 8, volatilidade NÃO é risco. Neste capítulo, no entanto, muitas vezes iremos utilizar as duas palavras como se fossem coisas iguais. Portanto, muitos exemplos do portfólio de mínimo risco serão de um portfólio de "mínima volatilidade". Mas nós atentamos para este fato e entendemos que o portfólio de mínimo risco é bem mais abrangente do que o portfólio de mínima volatilidade, entre várias outras diferenças.

[47] Tjalling Koopmans recebeu o Prêmio Nobel de Economia em 1975 por suas contribuições à "Teoria da Alocação Ótima dos Recursos". Ver sua "Prize Lecture", "Concepts of Optimality and Their Uses". Koopmans (1977).

ciente surge da combinação de dois outros portfólios: um portfólio de mínimo risco e um portfólio de risco. Vamos a eles.

i. O portfólio de mínimo risco

Na construção de um portfólio eficiente, o objetivo do investidor é duplo: minimizar o risco do portfólio e ao mesmo tempo maximizar o retorno esperado.

Nada mais natural, portanto, que existam dois instrumentos para perseguir estes objetivos: o portfólio de mínimo risco, mirando a redução do risco do portfólio, e o portfólio de risco, mirando a maximização do retorno esperado. O portfólio eficiente surge então da combinação destes dois portfólios base.

Um resultado importante: enquanto maximizar retorno implica concentrar o investimento em um único ativo — aquele com o maior retorno esperado —, minimizar risco *não* implica concentrar no ativo de menor risco. Na verdade, na maior parte das vezes, existe uma combinação entre ativos com um nível de risco que é ainda menor do que aquele do ativo de menor risco. Em outras palavras, enquanto maximizar retorno implica concentrar os investimentos, minimizar risco requer diversificação ou, em outras palavras, construir um portfólio.

Vamos ao exemplo tradicional utilizado nos livros-texto de finanças. Considere dois ativos com o mesmo retorno esperado, mas que se correlacionem negativamente. Ou seja, na maior parte das vezes em que um dos ativos tem retorno positivo, o outro tem retorno negativo, e vice-versa. Neste caso, ao combinar estes dois ativos de maneira apropriada, o retorno esperado permanece exatamente o mesmo, mas a volatilidade do portfólio cai. Ou seja, diversificação traz o benefício de uma volatilidade mais baixa, sem nenhum custo em termos de um retorno esperado menor.

Alguns números do dia a dia dos investimentos podem ilustrar ainda melhor este fato. Considere duas ações, uma da Petrobras e outra da Vale, ambas com retorno esperado de 15% ao ano. A volatilidade da ação da Petrobras é de 40% ao ano, enquanto a volatilidade da ação da Vale é de 35%. A correlação entre os dois papéis é de 51%. Ou seja, 51% daquelas vezes em que o preço da ação da Petrobras está subindo (caindo), o mesmo acontece com o preço da ação da Vale.

O que aconteceria se construíssemos um portfólio com 50% de ações da Petrobras e 50% das ações da Vale? Neste caso, o retorno esperado deste portfólio permaneceria em 15% ao ano — o mesmo das ações das duas empresas. Porém, a volatilidade do portfólio cairia para 32,3% ao ano, portanto, abaixo da volatilidade de 35% ao ano daquela ação de menor risco — que seria a Vale. Esta é a mágica da diversificação: redução de risco, neste caso volatilidade, sem diminuir o retorno esperado. O tão falado almoço grátis que, supostamente, não existe!

Para calcular o portfólio de mínimo risco — aquela alocação entre Petrobras e Vale que resulta na menor volatilidade possível para o portfólio — são necessários alguns cálculos mais complexos e a ajuda de um livro de estatística. Porém, neste exemplo específico, um portfólio com aproximadamente 37% de Petrobras e 63% de Vale teria uma volatilidade de 30,6%, que seria a menor volatilidade possível. Ou seja, com apenas estes dois ativos no portfólio, não seria possível alcançar uma volatilidade menor.

a. O portfólio de mínimo risco e *asset liability management*

O exemplo Vale-Petrobras é uma simplificação inicial: dois ativos com o mesmo retorno esperado. Muito comum nos livros-texto. Mas podemos também deixar a análise um pouco mais próxima da realidade — apesar de um pouco mais complexa. Para tanto, vamos tomar uma segunda ilustração sobre o portfólio de mínimo risco, mas agora dentro do contexto de uma gestão de "ativo-passivo" — ou, em inglês, *asset liability management*[48].

---

[48] Ver Castilho (2005) sobre *asset liability management* e investidores de longo prazo.

Por exemplo: vamos assumir um investidor com uma dívida de 1 milhão de dólares no exterior, com o custo de Libor mais 2%, a ser paga daqui a um ano. Este investidor também possui recursos neste exato montante — 1 milhão de dólares — investidos com baixíssimo risco a um retorno esperado de Libor mais 2% ao ano.

Neste caso, este investimento em dólares, a Libor mais 2%, seria o portfólio de mínimo risco: um portfólio que adequa perfeitamente os ativos do investidor (o dinheiro no ativo de baixíssimo risco) com o passivo (a dívida no exterior de 1 milhão de dólares).

É importante notar que, ao manter seu investimento no portfólio de mínimo risco, este investidor muito provavelmente terá um sono tranquilo, com pouquíssimas preocupações sobre se irá ou não conseguir pagar a dívida. Esta é uma característica importante do portfólio de mínimo risco que merece ser enfatizada: quando você está investido nele, você dorme tranquilo, porque seus investimentos (*assets*) se encaixam perfeitamente com suas dívidas (*liabilities*).

b. Características do portfólio de mínimo risco

Os dois exemplos anteriores – o do investimento em Petrobras e Vale e o *asset liability management* — mostram uma característica importante do portfólio de mínimo risco. Para calculá-lo, não é necessária nenhuma previsão sobre o retorno dos vários ativos. No caso das ações da Petrobras e Vale, inclusive, assumimos que ambos os ativos tinham o mesmo retorno esperado. Podíamos simplesmente nem os mencionar. Aliás, retornos esperados nem entram na fórmula para calcular a alocação de mínimo risco (que, no nosso exemplo, terminou por ser de 37% em Petrobras e 63% em Vale). Portanto, mesmo se os retornos fossem diferentes, o portfólio de mínimo risco não seria alterado.

Ou seja, um portfólio de mínimo risco depende apenas das volatilidades e das correlações entre os ativos. Ele não depende dos retornos. Na verdade, como já dito anteriormente, o portfólio de mínimo risco é um instrumento utilizado para minimizar risco — ou a volatilidade absoluta do portfólio, como no exemplo de Vale e

Petrobras, ou volatilidade relativa ao passivo, como no exemplo do *asset liability management*.

Dito isto, podemos passar à análise daquele segundo portfólio fundamental que compõe um portfólio eficiente: o portfólio de risco.

ii. O portfólio de risco

Para ilustrar o papel do portfólio de risco, continuemos com o exemplo de *asset liability management* utilizado anteriormente. Porém, vamos agora assumir que o investidor tenha a expectativa de que a moeda brasileira irá se apreciar 30% perante o dólar.

Neste caso, devido a considerações de retorno — ao investir em Real o investidor pode ganhar muito acima de Libor mais 2% —, talvez valha a pena alocar uma parte dos investimentos na moeda brasileira, ao invés de apenas em dólares.

Obviamente existem muitas ponderações a serem feitas. Nas últimas décadas, a taxa de câmbio Real-Dólar oscilou entre 1,22 e 5,70 reais por dólar — uma amplitude de estonteantes 360%. Além do mais, a taxa de câmbio Real-Dólar[49] possui uma volatilidade anual de 18% — típica do mercado de ações. Em outras palavras, movimentos de 36% para cima ou para baixo no período de um ano devem ser esperados em condições de Normalidade. Investir na moeda brasileira não é uma decisão inconsequente!

Mas vamos assumir que, mesmo assim, o investidor decida separar, daquele 1 milhão de dólares, 700 mil dólares para investir em reais. Os outros 300 mil dólares permaneceriam investidos em dólares, recebendo Libor mais 2% ao ano.

Note que o portfólio total estará agora alocado 30% no portfólio de mínimo risco e 70% no portfólio de risco. Neste caso, uma apreciação da moeda brasileira pode fazer o investidor consideravelmente mais rico — com condições de pagar a dívida de 1 mi-

---

[49] Para uma análise do prêmio de risco cambial para diferentes moedas, ver Godoy (2021), Costa (2023), Holland (2011), Matheus (2021b), Miranda (2011), Ivesson (2009), César Filho (2008) e Eyll (2008). Sobre a previsibilidade das taxas de câmbio ver Costa (2018), Padilha (2010) e Mello (2015).

lhão de dólares e ainda assim sobrar dinheiro. Por outro lado, uma depreciação do Real pode deixar o investidor consideravelmente mais pobre — sem condições de arcar com a totalidade da dívida.

Ou seja, ao desviar do portfólio de mínimo risco e alocar no Real, o investidor está tomando sérios riscos com relação ao seu passivo. Portanto, pode dizer adeus àquele sono tranquilo!

O mesmo poderia ser dito no exemplo da Petrobras e Vale. Se o investidor espera uma valorização maior da ação da Petrobras que da Vale (por exemplo, 20% ao invés de 15%), ele também pode querer desviar do portfólio de mínimo risco (37% em Petrobras e 63% em Vale). Talvez, depois de muito ponderar, o investidor resolva alocar 50% em Petrobras e 50% em Vale. Ou seja, novamente dois portfólios: um de mínimo risco, alocado 37% em Petrobras e 63% em Vale — e outro de risco, alocado 18% em Petrobras e -18% em Vale. Novamente, com o objetivo de atingir um retorno mais alto, o investidor tomará mais risco e pode dizer adeus àquelas noites de sono tranquilo.

a. Características do portfólio de risco

Os dois exemplos anteriores ilustram uma característica importante do portfólio de risco: ele só existe devido a considerações relacionadas a retornos.

Vejam só. No exemplo do *asset liability management*, o investidor apenas desviou do seu portfólio de mínimo risco quando viu a oportunidade de um retorno maior na moeda brasileira. Já no caso das ações da Petrobras e Vale, o desvio apenas aconteceu quando surgiu a expectativa de que as ações da Petrobras rendessem mais do que as da Vale.

Ou seja, diferentemente do portfólio de mínimo risco, que depende apenas das volatilidades e correlações entre os ativos, o portfólio de risco depende também dos retornos esperados. Na verdade, para o caso extremo de que todos os ativos possuem o mesmo retorno esperado, o portfólio de risco é zero e todos os recursos do investidor são alocados no portfólio de mínimo risco.

Existem outras características importantes do portfólio de risco, porém bastante mais técnicas. Elas serão aqui apenas mencionadas para servir como primeira orientação na construção deste portfólio base.

A primeira delas diz respeito ao tamanho do desvio que é tomado com relação à alocação de mínimo risco. Este desvio é proporcional ao excesso de retorno esperado para cada ativo, ajustado pelo excesso de risco que tal desvio traz ao portfólio. Não é um cálculo trivial. Mas, para um mesmo adicional de risco, quanto maior (menor) for o retorno esperado de um certo ativo, maior (menor) será sua alocação no portfólio de risco.

A segunda característica importante é que os desvios positivos são exatamente financiados pelos desvios negativos. Ou seja, o portfólio de risco é, em certo sentido, um portfólio tático em que a soma dos desvios é exatamente igual a zero. No caso do exemplo de Petrobras e Vale, isto fica bastante evidente: o portfólio de risco é de (+18%) em Petrobras financiados por (−18%) em Vale. Já no exemplo do *asset liability management*, o portfólio de risco seria de (+30%) em reais financiado por (-30%) em dólares.

Por fim, o portfólio de risco é o que se denomina, em linguagem técnica, um portfólio ortogonal ao portfólio de mínimo risco. Em outras palavras, os desvios táticos do portfólio de risco devem ser calculados de tal maneira que a correlação com o portfólio de mínimo risco seja exatamente igual a zero.

Feita esta discussão sobre as características do portfólio de risco — que juntamente com o portfólio de mínimo risco formam os componentes fundamentais de um portfólio eficiente —, passemos para a discussão sobre como estes dois portfólios base devem ser combinados.

iii. Balanceando os portfólios de mínimo risco e de risco em um portfólio eficiente

Um portfólio eficiente é um portfólio que não corre risco de graça. Ele, portanto, se situa naquela região que os economistas vieram a denominar de fronteira eficiente — uma região no espaço risco/retorno onde, para cada nível de risco, um portfólio possui o mais alto retorno esperado; ou, para cada retorno esperado, o portfólio possui o menor nível de risco.

O problema é que existem inúmeros portfólios eficientes. Como escolher entre eles? Em outras palavras, como combinar o portfólio de mínimo risco e o portfólio de risco de maneira a atender os objetivos de retorno e o perfil de risco de um determinado investidor?

Nos exemplos anteriores — investir em ações da Petrobras e Vale, ou investir em termos de *asset liability management* —, simplesmente assumimos que, depois de muito ponderar e devido a considerações relacionadas com retornos, o investidor optou por uma alocação de 50%-50% entre Petrobras e Vale, desviando do portfólio de mínimo risco (37%-63% em Petrobras e Vale). Já no exemplo de *asset liability management* aconteceu algo parecido: depois de muito ponderar, o investidor decidiu por uma alocação de 70% em reais e 30% em dólares, desviando de uma alocação de mínimo risco que era de 100% em dólares.

Mas como é feita esta ponderação? Como o investidor decide o quanto investir no portfólio de mínimo risco e o quanto investir no portfólio de risco?

Esta é uma decisão individual de cada investidor. Uma decisão que depende do quanto cada investidor valoriza um retorno esperado mais alto em relação ao quanto ele valoriza suas noites bem dormidas.

Por exemplo, um investidor que valorize um retorno mais alto irá destinar um percentual maior de seus recursos para o portfólio de risco, do que um investidor que não valorize, ou não precise, de tanto retorno assim. E o oposto acontece com investidores com diferentes perfis de risco. Neste caso, aquele investidor que valorize uma noite bem dormida — e que seja, portanto, mais avesso ao risco — irá investir mais recursos no portfólio de mínimo risco.

Note que esta decisão de "alocação", este é o nome técnico na literatura, depende de características específicas do investidor. E isto está em forte contraste com a construção dos portfólios de mínimo risco e do portfólio de risco, que dependem apenas das características dos ativos que compõem o portfólio.

Para calcular o portfólio de mínimo risco são necessárias informações sobre as volatilidades e as correlações entre os vários ativos — sejam elas absolutas ou relativas ao passivo, dependendo do problema em questão. Aí, então, é só colocar tudo no computador e, pronto, o portfólio de mínimo risco é calculado. Nenhuma característica pessoal do investidor, nenhuma outra que não a sua estrutura de passivos, é necessária para construir o portfólio de mínimo risco.

Para o cálculo do portfólio de risco, são necessárias algumas informações adicionais sobre os retornos esperados dos ativos. Então, mais uma vez, basta colocar tudo no computador e as magnitudes dos desvios do portfólio de mínimo risco são calculadas. Novamente, nenhuma característica pessoal do investidor foi necessária para construir o portfólio de risco.

O fato de um portfólio eficiente ser formado por dois portfólios base, que para serem construídos dependem somente de informações sobre ativos — e que é apenas a alocação entre estes dois portfólios que depende das características pessoais dos investidores —, é um dos resultados mais importantes de finanças. Um resultado que tem uma denominação chamativa: *Separation Theorem*.

O "Teorema da Separação" tem implicações importantes sobre como gestoras e, de forma geral, o mercado financeiro como um todo devem ser organizados. Em particular, as áreas de construção de portfólios — sejam elas relacionadas ao portfólio de mínimo risco ou ao portfólio de risco — podem ser devidamente segregadas daquelas áreas relacionadas com a alocação entre os dois portfólios. São áreas totalmente independentes, com pouca sinergia — a área de construção de portfólios com sua ênfase nas características dos ativos e a área de alocação com sua ênfase nas características individuais de cada investidor.

Outra consequência importante do "Teorema da Separação" é sobre o "processo de investimento", nome pelo qual é conhecida a sequência de tomada de decisões que resultam em um investimento ou na construção de um portfólio.

Uma comparação ilustrativa seria relacionar a decisão de investimento com o ato de se fazer uma limonada. O portfólio de mínimo risco seria a água — incolor, inodora, insípida —, mas que permite ao investidor ter a tranquilidade de saber que, ao tomá-la, não irá queimar a língua. O portfólio de risco, por sua vez, seria a melhor combinação possível dos diferentes tipos de limão que irão compor o concentrado. Por exemplo, limão siciliano 25%, taiti 40%, galego 30% e limão-cravo 5%. Se tomado puro, o concentrado irá, com certeza, queimar a língua do investidor. Porém, é deste concentrado que virá o sabor final da limonada. Notem também que nem a água nem o suco concentrado dependem dos gostos do consumidor por limonadas mais ou menos azedas. São construções puramente técnicas.

Por fim, temos a decisão de "alocação", quando o investidor irá finalmente fazer a limonada a seu gosto. Para tanto, o investidor mistura a água com o suco concentrado até sentir que aquela limonada está perfeitamente adequada ao seu paladar.

Note que este "processo de como fazer limonada" — a água, o concentrado de limão e a mistura final — é feito de componentes totalmente independentes, que podem ser construídos em qualquer ordem. O mesmo acontece com o "processo de investimento" e seus três componentes principais: o portfólio de mínimo risco, o portfólio de risco e a decisão de alocação — os dois primeiros sendo construções plenamente técnicas, enquanto o último depende dos gostos do investidor e dos objetivos do investimento.

C. Conclusão

Em um passado distante, investir era apenas sobre obter maiores retornos. Era sobre achar "aquele ativo bom e barato, que iria subir de preço, mas que, INACREDITAVELMENTE, ninguém ainda descobriu".

Pois isto não é mais verdade! No sentido atual da palavra, investir é também sobre minimizar riscos. É sobre saber diversificar, saber construir bons portfólios e saber precificar cada ativo dentro do contexto deste portfólio — e não em termos de suas características individuais.

Pois existe um roteiro sobre como construir estes bons portfólios — ou, na linguagem acadêmica, estes portfólios eficientes. O objetivo deste capítulo foi justamente descrever este roteiro. Na verdade, na literatura técnica, este roteiro sobre como investir é chamado de "processo de investimento".

Para construir um portfólio eficiente é importante saber, em primeiro lugar, que diversificação é chave. Portfólios eficientes não são concentrados em poucos ativos e têm que ser suficientemente diversificados para mitigar qualquer risco específico. Afinal, um portfólio eficiente[50] não corre risco de graça e está situado na fronteira eficiente!

Em segundo lugar e ainda dentro do contexto de diversificação, é preciso construir um portfólio que almeje diminuir o risco do investimento. O nome técnico deste portfólio é "portfólio de mínimo risco".

Então, em terceiro lugar, é necessário construir um portfólio de risco, um portfólio que almeje, como no passado distante, aumentar o retorno.

Estas três primeiras etapas — diversificação, portfólio de mínimo risco e portfólio de risco — são etapas exclusivamente técnicas. Elas não dependem de nenhuma característica pessoal do investidor, que não sua estrutura de passivos, mas apenas de informações sobre os ativos que compõem o portfólio: volatilidades e correlações — para a diversificação e a construção do portfólio de mínimo risco — e também os retornos esperados — para o caso da construção do portfólio de risco. Preenchidas estas informações, o

---

[50] Uma contribuição interessante para a construção de portfólios eficientes está em *Saving Markowitz: a risk parity approach based on the cauchy interlacing theorem*, de De-Losso et al. (2020). Neste artigo, os autores propõem a substituição da matriz variância-covariância pela matriz das correlações, de maneira a deixar as alocações resultantes do modelo de Markowitz mais estáveis. Ver também Pedro Neves (2010) sobre como um portfólio eficiente se ajusta otimamente a diferentes circunstâncias de mercado.

computador sozinho diversifica e constrói os dois portfólios base: o portfólio de mínimo risco e o portfólio de risco.

A quarta e última etapa na construção de um portfólio eficiente trata da escolha sobre o quanto investir no portfólio de mínimo risco e o quanto investir no portfólio de risco. É a decisão de alocação! E nesta etapa entram as características individuais do investidor, pois ele irá combinar estes dois portfólios base de acordo com seu gosto ou necessidade de retorno e sua aversão ao risco — ou seja, seu desejo por um sono mais tranquilo.

Além do roteiro sobre como construir um bom portfólio, este capítulo traz também um importante alerta: o portfólio acidental.

Um portfólio acidental é um portfólio desprovido de qualquer planejamento, um simples amontoado de coisas que foram um dia oferecidas ao investidor e compradas com poucos critérios. O portfólio acidental é um portfólio que foi formado apenas por acidente! Ele não tem relação alguma com eficiência, com objetivos de investimento ou perfil de volatilidade. Ele também, a médio prazo, pode mostrar-se um péssimo investimento. Mas é o portfólio que a maioria dos investidores possui.

10
A escolha dos instrumentos

Conforme discutido no capítulo anterior, um portfólio eficiente é composto de dois outros portfólios: um portfólio de mínimo risco, cujo principal objetivo é minimizar o risco, e um portfólio de risco, cujo principal objetivo é maximizar o retorno esperado. Ambos os portfólios também são eficientes e devem ser combinados de tal maneira que o portfólio final seja adequado tanto às características do investidor — em particular ao seu perfil de risco (ou perfil de volatilidade, se estivermos falando de volatilidade) — quanto aos objetivos de investimento.

Este capítulo trata justamente da escolha dos instrumentos que compõem estes dois portfólios. As opções são muitas: títulos de renda fixa prefixados, títulos indexados à inflação, crédito, ações, fundos imobiliários, derivativos, moedas, *commodities* e investimentos alternativos, entre outros, no Brasil e no exterior.

De uma maneira geral, estes instrumentos podem ser divididos em duas grandes classes: (i) os instrumentos de renda fixa, que pagam uma taxa de juros previamente definida, em troca dos investidores emprestarem uma quantia a ser devolvida em prazo determinado e (ii) os instrumentos de renda variável, que pagam em um prazo incerto um retorno também incerto, mas potencialmente superior, em troca dos investidores comprarem uma participação acionária. Investimentos alternativos poderiam também ser incluídos em uma destas duas classes. Mas trataremos deles em uma seção separada devido à importância que adquiriram nas últimas décadas.

Em outras palavras, na renda fixa o dinheiro é emprestado para ser devolvido em determinada data e com juros que são plenamente conhecidos. Na renda variável o investidor é sócio da empresa, do empreendimento, do projeto, ou do que quer que seja. O investimento não tem prazo para terminar e o retorno está vinculado aos lucros e dividendos do negócio.[51]

Quatro coisas a notar. A primeira delas é que, pelas definições anteriores, os instrumentos de renda fixa parecem ser mais adequados ao portfólio de mínimo risco do que ao portfólio de risco. Afinal, eles determinam um prazo exato para o dinheiro ser devolvido (a maturidade) além de especificarem claramente a taxa de juros que será paga. Ou seja, o investidor sabe exatamente o quanto e quando irá receber.

Na verdade, os instrumentos de renda fixa são feitos sob medida para balancear ativos e passivos — ou fazer um *asset liability management* —, uma das principais funções de um portfólio de mínimo risco. Por exemplo, um investidor que pretenda comprar um apartamento por um milhão de reais daqui a cinco anos tem como contrapartida um título de renda fixa prefixada de cinco anos que pague justamente este um milhão na maturidade. Com uma taxa de juros de 10% ao ano,[52] este título poderia ser comprado por R$ 620.921,32 — um grande desconto.

Os instrumentos de renda variável, por sua vez, parecem ser mais adequados ao portfólio de risco. Não existe prazo para o dinheiro ser devolvido, o retorno é incerto, mas, ao ser sócio de uma empresa — em vez de emprestar para ela —, o potencial de ganho tende a ser muito maior. Na verdade, um investidor que pretenda comprar um apartamento de 1 milhão de reais daqui a cinco anos e que invista os mesmos R$ 620.921,32 em renda variável não sabe se, daqui a cinco anos, terá aquele 1 milhão de reais, se terá R$

---

[51] Importante notar que não faz sentido ser dono ou sócio de uma empresa cuja despesa financeira (custo da dívida) é superior ao lucro esperado.

[52] Taxas de 10% ao ano não devem ser esperadas em países desenvolvidos, mas são bastante comuns no Brasil. Nos Estados Unidos, desde 2000, as taxas de juros médias foram de 1,84% ao ano (no Brasil elas foram pouco acima de 12%). Com estas taxas de juros de 1,84% ao ano, um título que pagasse R$ 1 milhão em cinco anos poderia ser comprado por R$ 981.932, 24 — um desconto bastante baixo e que está em forte contraste com o desconto mencionado no texto para taxas de juros de 10% (neste caso, o título poderia ser comprado por R$ 620.921,32).

100 mil ou R$ 5 milhões. Não há como saber se, em cinco anos, ele terminará comprando uma cobertura ou apenas uma quitinete.

Em terceiro lugar, uma curiosidade. Pelas definições anteriores, também fica claro que investidores de renda fixa e de renda variável possuem personalidades muito diferentes. Por exemplo, o investidor de renda fixa tende a ser mais conservador, bastante avesso às oscilações do mercado e muitíssimo preocupado se, na maturidade, seu dinheiro será devolvido ou não. Além do mais, gestores de fundos de renda fixa tendem a ser pessoas muito sóbrias, exageradamente metódicas e com aptidão quantitativa para a complicadíssima matemática[53] que caracteriza a precificação desta classe de ativos.[54]

Por fim, em quarto lugar, no mundo dos investimentos — seja na gestão de renda fixa ou de renda variável — existe uma proporção muito maior de pessoas do sexo masculino do que do sexo feminino. As justificativas para tanto são várias, mas não existe consenso. No entanto, de uma maneira geral, podemos caracterizar o mundo dos investimentos como um ambiente tipicamente masculino. No passado já foi pior e é importante destacar que ao longo da última década uma proporção maior de mulheres ingressou na área de investimentos. Porém, esta mudança vem sendo gradual e ainda não é claro se, no futuro, a proporção entre homens e mulheres ficará mais equilibrada. Estudos acadêmicos apontam diferenças importantes entre os estilos de gestão dos diferentes gêneros,[55]

---

[53] A matemática da renda fixa tende a ser consideravelmente mais complicada do que aquela da renda variável. Isto se deve ao fato de que, na renda fixa, os instrumentos estão sempre mudando com o tempo. Um investidor que compre um título de renda fixa que pague 1 milhão de reais daqui a 10 anos, mais uma taxa de juros de 10% ao ano, terá um instrumento diferente no ano que vem, pois terá um título que paga 1 milhão de reais daqui a nove anos! Ou seja, na renda fixa, com o passar do tempo, um mesmo instrumento varia de maturidade — até chegar à maturidade zero no dia do vencimento. Isto não acontece na renda variável. Um investidor que compre uma ação da Petrobras hoje — ação esta que vai pagar um valor incerto em um futuro incerto — terá muito possivelmente o mesmo instrumento no ano que vem.

[54] Cintra (2017a) discute a relação entre os métodos de precificação da renda variável e da renda fixa. Ver também Sampaio (2016).

[55] Ver Barber e Odean (2001). Outra referência importante é o livro *Finanças femininas* de Dana e Sandler (2015). Ver também Tenani (2019).

o que, obviamente, impacta as estratégias de investimento e a escolha dos instrumentos. Esta é uma literatura que vale a pena ser lida.

Feitas estas quatro observações, vamos explicar mais detalhadamente o que são instrumentos de renda fixa e de renda variável — as principais classes de ativos que compõem um portfólio financeiro. Trataremos também, com maior brevidade, da classe de investimentos alternativos, que vem se expandindo com rapidez desde início dos anos 2000, quando as taxas de juros globais caíram agressivamente e os investidores tiveram que buscar novas oportunidades de investimentos para atingir suas metas de retorno. Investimentos alternativos hoje representam uma parte significante do portfólio de alguns investidores institucionais.

A. Instrumentos de renda fixa

De acordo com a Anbima, "os títulos de renda fixa funcionam como empréstimos, pois o investidor oferece recursos por um período determinado de tempo para quem emite o título, em troca do pagamento de uma rentabilidade". Ou seja, o investidor disponibiliza (empresta) o dinheiro para alguém por um determinado prazo e a um determinado juro.

Pois estes "títulos", ou instrumentos, de renda fixa variam de acordo com (i) "quem emite o título"; (ii) como a "rentabilidade" é definida ou, em outras palavras, o indexador; e (iii) o "período determinado de tempo" (prazo) pelo qual o investidor disponibiliza os recursos.

i. Diferenciando por emissor

Comecemos por "quem emite o título" ou "quem está pedindo emprestado". Aqui nós temos duas grandes classes de emissores: o setor público (federal, estadual e municipal) e o setor privado. Emprestar para o setor público federal — ou emprestar para um país — é usualmente menos arriscado do que emprestar para o setor privado ou para o setor público estadual e municipal — e, portanto, os investidores aceitam receber juros menores.[56]

Na verdade, ao emprestar para o governo federal, muito provavelmente, os juros serão pagos nas datas especificadas e o dinheiro totalmente devolvido na maturidade. É um investimento supostamente tranquilo e que deveria permitir ao investidor ter um boa noite de sono.[57] Estes títulos, que representam empréstimos para o governo federal, ou para "países", são chamados de títulos soberanos.

Por sua vez, emprestar para o setor privado significa emprestar para empresas. Isto é usualmente mais arriscado do que emprestar para governos e, por causa disso, os investidores requerem juros mais altos, ou como se diz no mercado, um *spread* de crédito — *spread* este que tende a ser cada vez mais alto quanto mais arriscada for a empresa.

Emprestar para empresas, estados ou municípios, ao invés do governo federal, é o mundo do "crédito". E aqui temos duas grandes classes: o crédito grau de investimento (*investment grade*) — onde os empréstimos são feitos para empresas consideradas de baixo risco — e o crédito grau especulativo (*high yield*), onde os empréstimos são feitos a empresas de maior risco. Obviamente os investidores aceitam juros mais baixos para emprestar para empresas de grau de investimento — que acabam por ter um *spread* de crédito menor — do que para empresas de grau especulativo — onde o *spread* de crédito é maior.

---

[56] Importante destacar que este é o caso geral, mas existem várias exceções em que, por exemplo, uma empresa tenha uma avaliação de crédito melhor do que seu país sede.

[57] Isto nem sempre é verdade e às vezes, mesmo ao emprestar para governos, as dívidas ou os juros acabam não sendo pagos. Investidores locais brasileiros tiveram a traumática experiência de um "calote" da dívida interna durante o "confisco" do Plano Collor em 1990, enquanto investidores argentinos vivenciaram o trágico *corralito* em 2001. Além do mais, investir na dívida externa de países tende a ser ainda mais arriscado do que investir na dívida interna. O Brasil decretou moratória de sua dívida externa em 1987, a Argentina em 2001 e 2019, a Grécia em 2015, o Equador em 2008, a Rússia em 1998 e o México em 1982. Estes são apenas alguns exemplos de que investimentos em renda fixa soberana não são isentos de risco.

a. Risco de crédito

Risco de crédito é um assunto de grande relevância e já resultou em sérios problemas, inclusive em várias crises sistêmicas, como as de 1994 (México), 1997 (Ásia), 1999 (Rússia) e, em especial, 2008 (A Grande Recessão).[58]

Porém, o risco de crédito[59] tende a ser mais explorado pelos investidores em países desenvolvidos; muito mais do que no Brasil. Isto se deve ao fato de que, nestes países, as taxas de juros são muito baixas e os investidores acabam optando por tomar risco de crédito para ganhar uma remuneração um pouco maior. Por outro lado, no Brasil, não apenas as taxas de juros são bastante elevadas como também o mercado de crédito é pouco desenvolvido. Neste sentido, a exposição dos investidores brasileiros ao risco de crédito tende a ser menor.[60]

Porém, para quem investe em crédito, seja em países desenvolvidos, seja no Brasil, existem algumas recomendações a serem seguidas.

A primeira e mais importante é a diversificação. Ao se constituir um portfólio diversificado o investidor diminui o impacto da eventual inadimplência de um ou mais emissores. Desta forma, espera-se que este impacto seja compensado pelo ganho dos demais ativos da carteira e, ao investir em crédito, o investidor ainda tenha um ganho superior ao dos títulos soberanos.

---

[58] Cabe notar que todas estas crises estiveram vinculadas a emissões em dólares e, nos casos das crises do México, Ásia e Rússia, por emissões de títulos soberanos. A crise de 2008 foi a única destas crises sistêmicas mencionadas que foi relacionada com crédito privado.

[59] Dois ótimos livros sobre análise de crédito são Perera (2013) e Securato (2002).

[60] Na verdade, existe uma relação em que a redução das taxas reais de juros leva a um aumento de risco no portfólio como um todo, e não apenas em títulos de crédito. Outro fator que faz o investidor internacional ter maior exposição ao risco de crédito é que, nos países desenvolvidos, o mercado é muito maior, mais diversificado e líquido. O mercado brasileiro tem poucas emissões e pouquíssima liquidez, além de o *spread* de crédito muitas vezes não refletir o verdadeiro risco de crédito.

Também é fundamental conhecer a situação financeira dos emissores. Antes de dar um empréstimo, a quem quer que seja — empresa, projeto, pessoa física etc. —, deve-se ter uma boa noção de qual a motivação deste tomador, qual a viabilidade do projeto ou negócio onde os recursos foram investidos e, finalmente, se é factível que este tomador tenha a capacidade de, no prazo contratado, devolver os recursos emprestados mais os juros do período.

É claro que nenhum estudo é bom o suficiente para precaver o investidor de todos os riscos. Afinal, há sempre aspectos imprevisíveis quando lidamos com o futuro. Hipóteses podem não se confirmar, eventos inesperados podem surgir ou o cenário pode mudar. Mas a melhor solução para o imprevisível é a diversificação do portfólio de crédito discutida anteriormente.

Em terceiro lugar, pode-se minimizar o risco de crédito através de garantias. O tomador de recursos disponibiliza ativos que podem ser tomados em circunstâncias de inadimplência. Neste caso, é necessário o entendimento por parte do investidor do valor deste ativo e da capacidade que ele, investidor, terá de tomá-lo para si. Sobre este tema, na legislação brasileira existe um dispositivo chamado de "alienação fiduciária" que possibilita a execução da garantia pelo investidor sem necessidade de judicialização do processo.

Por fim, dada a complexidade de se fazer todas estas análises, uma alternativa interessante, principalmente para investidores que não têm experiência com o tema, é delegar a gestão dos ativos de crédito para gestores profissionais. Pode-se comprar fundos de investimento de crédito privado, em que uma equipe de gestores e analistas se dedica a este tipo de análise, para constituir um portfólio bem estruturado.

É claro que o custo que este gestor cobra precisa entrar na equação para que o ganho final faça sentido, considerando o risco tomado. Além do mais, o gestor costuma ser mais bem preparado para enfrentar as situações difíceis que podem surgir durante a vida do investimento.

Por exemplo: investe-se em uma debênture de uma empresa que tinha resultados ótimos, mas que ao longo do tempo passou a entregar prejuízos. Aí, o investidor quer fugir deste risco e descobre que, para tanto, precisa realizar uma perda de 10% do capital investido. O que fazer: aceitar a perda e partir para o próximo investimento, ou tomar o risco de perder todo o capital e manter a exposição à empresa?

Não há uma resposta fácil, mas é importante que a decisão seja feita de forma racional e não motivada por sentimentos como medo e angústia.

b. Como escolher gestores de crédito

Investir em crédito através de gestores é uma forma mais eficiente de acessar ativos com risco de crédito por uma série de fatores. Entre eles:

- Gestores profissionais têm acesso a ativos que são emitidos de forma restrita (apenas para investidores institucionais) e que pagam mais prêmio que os ativos acessíveis aos investidores pessoa física em geral;
- Pode-se acessar um portfólio diversificado em vários emissores, seguindo algum racional preestabelecido de alocação que considere limites de concentração e concentrações máximas por emissor;
- Gestores fazem análises e modelagens sofisticadas sobre a capacidade de solvência das empresas e/ou dos ativos investidos, algo que o investidor leigo normalmente não tem condição de fazer.

Porém, mesmo investindo através de gestores, ainda cabe ao investidor fazer várias escolhas, entre elas a de escolher em quais gestores de crédito e em quais fundos irá investir. É uma escolha mais simples do que a de escolher os ativos finais, porém não menos importante. Neste sentido, o investidor deve considerar algumas das recomendações discutidas a seguir.

Em primeiro lugar, para ser capaz de fazer com qualidade as complexas análises de crédito, uma gestora precisa contar com um time experiente e capacitado; e que tenha critérios bem definidos para compra e venda dos ativos. Neste sentido, é importante avaliar a equipe, saber há quantos anos estão trabalhando juntos, quantos são, como é o processo de investimento da gestora, como é feito o controle de riscos e se existem ou não conflitos de interesse.[61]

Em segundo lugar, é importante entender como de fato é feita a análise de crédito. É imprescindível que se façam estudos detalhados das empresas ou projetos e se entenda quais as fontes de receitas e lucros futuros, e, em especial, quais os riscos. Este processo de análise é conhecido como *bottom-up*, ou seja, de baixo para cima. O foco é no micro, na empresa, no projeto ou no recebível. É um tipo de estudo semelhante ao que se faz para analisar as ações de uma empresa; mas pelo lado do crédito.

Ou seja, é menos importante a magnitude dos lucros futuros e mais importante se eles serão estáveis e grandes o suficiente para honrar com as dívidas da empresa ou projeto. Por exemplo, uma empresa cujas ações são avaliadas como caras, por ser de um segmento muito estável, pode ser uma má opção para um fundo de ações, mas a sua dívida pode ser uma excelente oportunidade para um fundo de crédito.

---

[61] Conflitos de interesse são um dos principais problemas do mercado financeiro e a melhor forma de evitá-los é ficar longe deles. Exemplos de conflitos de interesse podem ser um fundo de crédito da gestora de um banco que empresta para uma empresa, que, por sua vez, tenha contratado a área de *Investment Banking* do próprio banco para abrir o seu capital. Neste caso, a gestora pode estar comprando um título de crédito da empresa não porque ele é bom ou ruim para seus fundos, mas simplesmente porque o banco estaria tendo benefícios ao promover sua venda, tais como: receber alta comissão por abrir o capital da empresa; ou estar financiando a empresa através de debêntures (título de crédito) — e colocando estes títulos de crédito dentro dos fundos de sua gestora. É como se o banco estivesse simplesmente "vestindo a noiva" — o termo utilizado pelo mercado — e deixando a empresa "bonita" para a bolsa de valores (na verdade, deixando o Balanço da Empresa "bonito") às custas dos fundos — e dos investidores — de crédito da gestora do banco. Este exemplo é hipotético e, na verdade, a maior parte dos bancos possui controles para evitar conflitos de interesse; por exemplo, *chinese walls* entre suas áreas de Gestão e seu Banco de Investimento. Mas, para o investidor, um pouco de desconfiança é sempre saudável e é importante permanecer *muito* atento.

Uma análise complementar ao *bottom-up* (de baixo para cima) seria a *top-down* (de cima para baixo), em que se considera inicialmente quais os eventos macroeconômicos ou setoriais que afetam os ativos antes de analisar o ativo em si. Por exemplo, pode-se ter a visão de que o mercado de celulose vai sofrer muito nos próximos anos por conta de uma superoferta e, com base nisso, o investidor não comprar nenhum ativo emitido por empresas deste setor. Ou pode-se supor que a taxa de juros será mais alta do que o esperado pelo mercado (talvez devido a um aperto monetário do Banco Central), o que seria um cenário ruim para atividades que dependem do crédito — como os setores de varejo e imobiliário.

Em terceiro lugar, o gestor de crédito precisa ter um bom juízo de valor sobre o que está comprando. Por exemplo, fundos de *distressed assets* (em português, "ativos em dificuldades") podem fazer um excelente negócio ao comprar títulos de uma empresa que está inadimplente (com péssimas métricas de crédito) por 30% do valor de face e revendê-lo por 45% do valor de face posteriormente (ganho de 15 pontos percentuais, o que equivale a 50% de retorno!).

Em outras palavras, é possível obter lucros comprando ativos bastante ruins, assim como é possível terminar com prejuízos comprando-se ativos muito bons. É o juízo de valor do gestor que permite saber se está comprando um ativo ruim suficientemente barato ou um ativo bom excessivamente caro. E bons juízos de valor usualmente estão relacionados com gestores com longa experiência no mercado, com times de análise que trabalham juntos há muito tempo e com processos de investimentos que sejam *forward looking* e que extraiam o máximo destas características da gestora.

c. Em resumo

Há uma infinidade de formas de se expor a ativos de crédito, cada uma com uma relação de risco/retorno própria. A forma de escolher o tipo de risco de crédito que se vai tomar e como se vai tomá-lo deve ser feita dentro do contexto do portfólio como um todo. Os títulos soberanos — emitidos por países — e títulos de baixíssimo risco (por exemplo, CDBs de bancos de primeira linha) são ativos com um papel principal dentro do portfólio de mínimo risco, na medida em que trazem previsibilidade, pouco risco e redução da volatilidade. Já títulos de maior risco e retorno esperados, como *high yield*, FIDCs, precatórios e fundos de *distressed assets*, podem compor o portfólio de risco.

ii. Diferenciando por indexador

Os instrumentos de renda fixa também variam na forma como sua rentabilidade é definida. E aqui temos duas grandes subclasses:
— Títulos cuja rentabilidade é definida em termos *nominais*, ou títulos prefixados;
— Títulos definidos em termos *reais*, ou títulos indexados à inflação.

Comecemos com um título cuja rentabilidade seja definida em termos nominais, um prefixado de 10 anos com uma taxa de 10% ao ano. Note que, ao comprar este título — e, portanto, emprestar para o emissor —, o investidor sabe exatamente o quanto irá receber daqui a 10 anos em termos nominais e sabe também os juros que irá ganhar. No entanto, o investidor não sabe o quanto irá receber em termos reais, pois a inflação futura é incerta. No Brasil são muito comuns títulos prefixados emitidos pelo governo — por exemplo, a LTN (Letra do Tesouro Nacional) e a NTN-F (Nota do Tesouro Nacional) — e, também, pelo setor privado, principalmente por bancos — CDBs e Letras Financeiras prefixados.

Tomemos agora o exemplo de um título indexado à inflação, com rentabilidade real de 4,5% e prazo de 10 anos. Neste caso, daqui a 10 anos o investidor receberia seu investimento plenamente reajustado pela inflação, além de um adicional de 4,5% ao ano referente aos juros. Note que, aqui, o investidor sabe exatamente o quanto irá receber daqui a 10 anos em termos reais — mas não sabe o quanto irá receber em termos nominais — pois a inflação futura é incerta. No Brasil, estes títulos, quando emitidos pelo governo federal, são chamados de NTN-Bs. Mas eles também são comumente emitidos pelo setor privado através de vários instrumentos, como debêntures de infraestrutura, CRA, CRI etc., sendo, neste caso, ativos de crédito privado.

Um exemplo pode ser ilustrativo. Suponha, mais uma vez, que o investidor deseje comprar um apartamento daqui a cinco anos e tenha duas opções de investimento: um título prefixado de maturidade de cinco anos, pagando uma taxa de juros de 10% ao ano; ou um título indexado à inflação, também de maturidade de cinco anos, pagando uma taxa de juros de 4,5% ao ano mais a correção pela inflação. Ambos os títulos podem ser comprados por R$ 620.921,32, a diferença sendo que o prefixado projeta pagar 1 milhão de reais daqui a cinco anos, enquanto o indexado à inflação remunerará o investimento de R$ 620.921,32 por juros de 4,5% ao ano, resultando em R$ 773.780,93, e corrigirá este valor pela inflação do período, podendo o valor final ser superior ou inferior a R$ 1 milhão, dependendo da inflação.

Note que, se a inflação esperada no período for de 5,5% ao ano, ambos os títulos são equivalentes, pois ao comprá-los por R$ 620.921,32, o prefixado acaba por pagar 10% ao ano de juros nominais (ou 10% - 5,5% = 4,5% de juros reais) e o indexado à inflação acaba por pagar 4,5% de juros reais (ou 4,5% + 5,5% = 10% de juros nominais).

A seção seguinte ilustra este exemplo em mais detalhes.

a. Prefixados ou indexados à inflação?

Qual destes instrumentos é o melhor investimento? O título prefixado ou o título indexado à inflação?

A resposta depende de dois fatores principais que estão relacionados com o retorno esperado e com a volatilidade do portfólio do investidor. Note bem: os dois ativos estão sendo precificados de acordo com sua contribuição para o portfólio do investidor e não devido a suas características específicas.

O primeiro fator, que está relacionado com a maximização do retorno do portfólio, depende da inflação futura prevista pelo investidor, comparada com aquela inflação já embutida nos preços dos títulos — também chamada de inflação implícita.[62]

O que acontece é o seguinte. Com o título prefixado de cinco anos pagando uma taxa de juros de 10% ao ano e o título indexado à inflação pagando 4,5% ao ano, mais a correção pela inflação, podemos dizer que a inflação implícita é de 5,5% ao ano.

Ou seja, caso a inflação nos próximos cinco anos seja, em média, de 5,5% ao ano, os dois títulos terão exatamente o mesmo rendimento. Por outro lado, se a inflação futura for, em média, acima de 5,5% ao ano, o título indexado à inflação pagará mais do que o prefixado. E, pelo contrário, se a inflação futura for, no período, menor do que 5,5% ao ano, será o título prefixado que pagará mais do que aquele indexado à inflação.

Portanto, dependendo da previsão de inflação futura do investidor, ele deverá escolher um título ou o outro: o indexado à inflação, se o investidor prever uma inflação futura média superior à inflação implícita (5,5% ao ano); ou o prefixado, se o investidor prever uma inflação futura média inferior à inflação implícita.

Já o segundo fator que afeta a decisão do investidor está relacionado com a volatilidade do portfólio. Afinal, o título prefixado dá ao investidor a certeza sobre o quanto receberá, em termos nominais, daqui a cinco anos. Já o título indexado à inflação lhe dá a certeza sobre o quanto receberá, em termos reais, daqui a cinco anos.

O que é risco para este investidor? Não saber o quanto irá receber em termos reais daqui a cinco anos — como aconteceria se ele investisse no prefixado — ou não saber o quanto irá receber em temos nominais daqui a cinco anos — como aconteceria se ele investisse no indexado à inflação?

Em lugares onde a inflação historicamente é alta e incerta, como no caso brasileiro, os títulos indexados à inflação parecem

---

[62] O termo em inglês é *breakeven inflation*, ou a inflação que "equipara" ou que "iguala" o rendimento do título prefixado com o do título indexado à inflação.

proporcionar uma tranquilidade maior — ou uma melhor noite de sono — ao investidor. Afinal, ninguém sabe o quanto um apartamento irá custar daqui a cinco anos — quando o investidor planeja comprá-lo. A única coisa que se sabe é que irá subir de preço. Mas quanto?

O título indexado à inflação reduz justamente esta incerteza sobre a inflação da decisão de investimento, na medida em que o preço futuro do apartamento tende a ter uma variação relacionada com a inflação do período, embora outros fatores possam também impactar este preço de forma significativa. Isto pode dar uma maior tranquilidade ao investidor. Justamente por ter esta maior tranquilidade, o investidor brasileiro muitas vezes prefere receber um retorno mais baixo por um título indexado à inflação do que um retorno maior por um prefixado que, embora pague um retorno conhecido, traz a incerteza de uma inflação desconhecida no período.

Em outras palavras, o investidor brasileiro aceita fornecer um desconto — ganhar menos — para ter um título indexado à inflação do que para ter um prefixado.[63] Ou, invertendo o raciocínio, no Brasil, o título prefixado tende a pagar um prêmio — um retorno mais alto do que os indexados à inflação — justamente para compensar pelas noites mal dormidas devido à inflação incerta.

Por outro lado, em países desenvolvidos, onde a inflação tende a ser baixa e estável, os títulos prefixados parecem proporcionar uma tranquilidade maior ao investidor. Afinal, muito provavelmente, daqui a cinco anos, um apartamento custará tanto quanto custa hoje.

Nestes países, a inflação não é fonte de incerteza. E, devido a isto, o investidor aceita receber um retorno menor por ter um título prefixado em seu portfólio ao invés de um indexado à inflação. Ou, invertendo o raciocínio, o investidor aceita fornecer um desconto — ganhar menos — para ter um prefixado. Em outras palavras, nos países desenvolvidos é o indexado à inflação que tende

---

[63] Para uma análise do prêmio de risco dos títulos prefixados sobre os indexados à inflação, ver Grothge (2020) e Kernkraut (2018).

a pagar um prêmio — um retorno acima daquele dos prefixados.[64] Este tem sido pelo menos o caso dos Estados Unidos, Reino Unido, Japão e a Zona do Euro.[65]

Em resumo, para escolher entre um título prefixado e um indexado à inflação, o investidor deve ter uma previsão sobre a inflação futura, para então compará-la com aquela embutida nos títulos (a inflação implícita). Dependendo se a previsão de inflação do investidor for acima/abaixo da implícita, ele deve escolher um título indexado à inflação/prefixado, que acabará por pagar mais. Todo este raciocínio pelo lado do retorno esperado.

Já sob a ótica do risco, o investidor deve entender qual destes dois instrumentos permitirá que ele tenha uma melhor noite de sono: os títulos indexados à inflação, como no caso do Brasil, ou os títulos prefixados, como nos países desenvolvidos.

Aí surge a questão final: o excesso de retorno esperado de um título prefixado sobre um título indexado à inflação — ou vice-versa — compensa uma noite mal dormida?

Somente após o investidor balancear o maior retorno esperado com o risco de uma noite mal dormida é que a decisão entre investir em um título prefixado ou um título indexado à inflação poderá ser tomada.

b. Em resumo

Os títulos prefixados e os títulos indexados à inflação têm diferentes características — juros definidos em termos nominais ou em ter-

---

[64] Existe também um segundo argumento para os títulos de inflação pagarem um prêmio nos países desenvolvidos, e não um desconto como no Brasil. O que acontece é que existem componentes do prêmio de risco a serem considerados — um transitório e outro permanente —, cada um puxando o prêmio em direções opostas. O componente permanente é o prêmio de liquidez, pois os títulos indexados à inflação são menos líquidos que os prefixados nominais. O componente transitório é que, pelo menos entre 2001 e 2022, nos países desenvolvidos, o risco maior era de deflação e não inflação, fazendo com que o prêmio fosse reduzido.
[65] Cabe mencionar que este cenário pode ter sido alterado drasticamente no período pós-Covid (2020), pois a inflação no mundo inteiro surpreendeu para cima e voltou a ser fonte de preocupação dos investidores dos países desenvolvidos.

mos reais —, mas possuem também inúmeras similaridades — tais como o pagamento com data e montante definidos, seja em termos nominais ou em termos reais. E todos estes instrumentos possuem diferentes funções na construção de um portfólio eficiente.

Porém, de uma maneira geral, sua contribuição se dá dentro do portfólio de mínimo risco e com o objetivo de minimizar volatilidade — mais especificamente a volatilidade relativa do portfólio com relação a uma estrutura de Passivo.

iii. Diferenciando por prazo

Por fim, os instrumentos de renda fixa podem variar de acordo com o "período determinado de tempo pelo qual o investidor disponibiliza os recursos".

Aqui temos um caso particularmente importante que é o título de maturidade de um único dia — também chamado de caixa (*cash*). No Brasil estes títulos são os indexados ao CDI ou à taxa Selic enquanto no exterior são indexados à Libor. Note que neste caso o investidor sabe exatamente o quanto irá receber amanhã, mas não sabe o quanto irá receber daqui a um ano, dois anos, 10 anos, ou em qualquer outra data. Este instrumento paga, afinal, a taxa de juros que predominará no mercado naquele exato momento e por um único dia.

Em outras palavras, os títulos indexados ao CDI e à Libor são investimentos de baixo risco para quem está prestes a comprar um apartamento, mas são investimentos de risco para quem pretende comprar um apartamento daqui a cinco anos.

Veja o seguinte exemplo. Duas oportunidades de investimento: um CDB indexado ao CDI pagando 13,75% ao ano, mas com maturidade de um único dia, ou um prefixado de cinco anos, pagando 10% ao ano.[66] Note que, com o CDI o investidor sabe o quanto irá

---

[66] Este é um exemplo que reflete, muitas vezes, a realidade brasileira de taxas de juros curtas extraordinariamente elevadas e de taxas longas mais baixas — ou seja, em linguagem de mercado, uma curva de juros invertida. Ver Nehmi (2017), Navas (2012), Bandeira (2012) e Jesus (2005).

ganhar no curtíssimo prazo (13,75% ao ano, o que dá 0,05114% por dia útil), mas não sabe se a taxa permanecerá a mesma no futuro. Ela pode cair ou subir! Por outro lado, com o prefixado, o investidor sabe exatamente o quanto irá ganhar daqui a cinco anos — 10% ao ano —, mas não sabe o valor do seu investimento no curtíssimo prazo, que irá cair, se as taxas de juros de mercado subirem, ou subir, se as taxas de juros de mercado caírem.

Suponha que nos próximos anos o CDI caia novamente abaixo de 3% ao ano, como aconteceu em 2020. Neste caso, teria sido um péssimo negócio investir no CDI! O investidor terá que se contentar em comprar um apartamento de metragem menor, provavelmente com menos dormitórios ou sem vaga de garagem — porém não a quitinete, como seria o caso se ele tivesse investido e perdido em renda variável; que, como falamos anteriormente, é muito mais volátil.

Por outro lado, o CDI poderia novamente subir para 20% ao ano, como em 2005. Neste caso, teria sido um ótimo negócio investir no CDI. O investidor poderá comprar um apartamento de metragem maior, com mais dormitórios, duas vagas de garagem — porém não a cobertura, como seria o caso de ele ter investido e ganhado em renda variável; que é muito mais volátil.

Além do título de maturidade de um dia — o CDI ou a Libor —, existem também títulos de maturidades muito longas, de 10 anos, 30 anos ou mais — títulos que "pré-fixam" uma taxa de juros durante um longo período, em termos nominais ou em termos reais. Estes títulos, usualmente, pagam uma taxa de juros mais alta do que os títulos de prazo mais curto. Por outro lado, possuem um risco maior e, em particular, o "risco de *Duration*".

O "risco de *Duration*" é aquele risco de o investidor se comprometer com um investimento de prazo mais longo (por exemplo um prefixado de 30 anos), mas acabar mudando de ideia no meio do caminho. Neste caso, dependendo da taxa de juros de mercado, o investidor irá ganhar ou perder, estando sujeito aos humores da sorte e do azar. Seria apenas no vencimento que o investidor ganharia o dinheiro e o retorno conforme combinado. E como mudar de ideia é mais provável quanto maior o tempo (maturidade do investimento), títulos mais longos são mais arriscados e, por isso mesmo, tendem a pagar um retorno mais alto. O próximo capítulo analisará o conceito de *Duration* em mais detalhe.

Investidores pessoas físicas também investem nestes títulos de prazos muito longos. Mas, de maneira geral, eles são mais utilizados por clientes institucionais, tais como fundos de pensão, *endowments* de universidades ou fundos soberanos, que possuem objetivos de longuíssimo prazo e para várias gerações e, por este motivo, acabam sendo menos afetados pelo risco de *Duration*.

a. Em resumo

Tanto caixa — que prefixa a taxa de juros por apenas um dia e, portanto, paga a taxa de juros de mercado — quanto aqueles títulos de maturidade mais longa — que prefixam uma taxa de juros (nominal ou real) por um período superior a um dia — possuem diferentes características, apesar de várias similaridades.

Cada um deles tem diferentes funções na construção de um portfólio eficiente. De uma maneira geral, caixa tem como objetivo minimizar a volatilidade absoluta do portfólio, enquanto os títulos com maturidade mais longa têm como objetivo minimizar a volatilidade relativa — com relação a uma estrutura de passivo —, seja em termos nominais (títulos prefixados), seja em termos reais (títulos indexados à inflação). Ambos os instrumentos, portanto, são importantes na construção de um portfólio de mínimo risco.

No entanto, eles também podem fazer parte do portfólio de risco, objetivando maximizar o retorno esperado. Mas muito provavelmente não serão a parte mais importante do portfólio de risco pois o instrumento mais indicado para a maximização do retorno esperado é a renda variável.

B. Instrumentos de renda variável

De acordo com a Anbima, renda variável "é a classe de investimentos que não apresenta garantia sobre o retorno. É o oposto da renda fixa e pode apresentar maior potencial de ganhos devido ao risco mais elevado". Podemos acrescentar à definição da Anbima que o "risco mais elevado" da renda variável é refletido na maior volatilidade desta classe de ativos com relação à renda fixa.

Os números são ilustrativos. No Brasil, nos últimos 20 anos, a volatilidade histórica da renda variável[67] foi de 23% ao ano, comparados com 6,9% dos títulos indexados à inflação, 3,25% para os prefixados e 1,2% para o CDI — todos subclasses da renda fixa. Já nos Estados Unidos, a volatilidade histórica de renda variável foi de 14,8% ao ano, comparados com 5,9% para os títulos indexados à inflação, 4,6% para os prefixados e 0,5% para a Libor. É uma diferença de volatilidade simplesmente enorme entre estas duas grandes classes de ativos; com a renda variável *muito* mais volátil do que a renda fixa; e a renda variável no Brasil *muito* mais volátil do que a renda variável nos Estados Unidos![68]

Os números sobre o retorno destes dois instrumentos (classes de ativos) são também ilustrativos. No Brasil, nos últimos 20 anos, a renda variável rendeu, em média, 14,6% ao ano, comparados com 12,8% para os títulos indexados à inflação, 14% para os prefixados e 10,8% para o CDI — todas subclasses da renda fixa. Já nos Estados Unidos, a renda variável rendeu 15,7% ao ano, comparados com 4,5% para os títulos indexados à inflação, 1,7% para os prefixados e 0,3% para a Libor.

Ou seja, a renda variável pagou mais do que a renda fixa tanto no Brasil quanto nos Estados Unidos. Porém, no Brasil, este excesso de retorno da renda variável foi bastante baixo, enquanto nos Estados Unidos ele foi enorme!

Além do mais, a Anbima tem também uma definição interessante sobre investimentos em ações — a classe de ativos mais im-

---

[67] Estamos considerando o mercado de ações como *proxy* para a renda variável neste exemplo.
[68] Um ponto a ser levado em consideração é que a economia brasileira não é muito diversificada e o mercado de ações menos ainda. Assim, o que é chamado de prêmio de risco das ações brasileiras se mistura com o risco idiossincrático e o prêmio de risco de alguns setores específicos, particularmente *commodities* e bancos.

portante dentro da renda variável e objeto do capítulo 12: "ações são como pedacinhos de uma empresa. Quem adquire esses papéis na bolsa de valores começa a participar dos resultados da companhia e pode lucrar com a valorização desses ativos ou com a distribuição de alguns benefícios, os dividendos, por exemplo, chamados de proventos ou até mesmo ter prejuízo caso o preço das ações caia no mercado".

Em outras palavras, instrumentos de renda variável não possuem garantia de retorno, não têm uma maturidade predefinida e, no caso específico de ações, esteja preparado para ser sócio de uma empresa — ao invés de meramente emprestar para ela — estando sujeito a todas as incertezas e oscilações do negócio. Por outro lado, o investidor pode "lucrar com a valorização destes ativos".

Assim como acontece com a renda fixa, os instrumentos na classe renda variável também são diversos e atendem diferentes necessidades. Mas talvez a mais importante diferença seja entre ações de empresas de Capital Aberto (*Public Equity*), que são negociadas em bolsa e, portanto, muito líquidas, podendo ser vendidas ou compradas rapidamente; e as ações de empresas Privadas (*Private Equity*), que têm o capital fechado e não são negociadas em bolsa, sendo, portanto, ilíquidas — com o investidor sendo impedido de sair do seu investimento por um prazo que pode variar entre cinco e 10 anos.

Também como com os títulos de renda fixa de maturidades mais longas, investidores pessoa física alocam em *Private Equity*. Porém, de uma maneira geral, devido à iliquidez destes instrumentos e dos grandes volumes necessários para o investimento inicial, *Private Equity* tende a ser mais indicada para investidores institucionais, tais como fundos de pensão, *endowments* de universidades ou fundos soberanos; investidores estes que possuem mais paciência além de "bolsos suficientemente largos" para aguentar o longo período em que o investimento fica indisponível.

Neste sentido, a exposição de investidores pessoa física à renda variável tende a ser concentrada em *Public Equity*. Mais recentemente, houve o surgimento de fundos de fundos[69] de *Private*

---

[69] Fundos de fundos são fundos que investem em outros fundos.

Equity, um instrumento mais caro, mas que permite investimentos em volumes menores, além de prover alguma liquidez intermediária. Isto vem atraindo investidores pessoas físicas para este tipo de instrumento; em particular, aqueles mais tolerantes à iliquidez e com "bolsos mais largos". *Private Equity* será também tema da próxima seção, quando serão discutidos investimentos alternativos.

Outros instrumentos de renda variável são as empresas de Baixa Capitalização (*Small Caps*), empresas de Valor (*Value*),[70] empresas defensivas e empresas de crescimento (*growth*), entre várias outras classificações. Tais instrumentos estariam dentro do mundo de *Public Equity*. Já no mundo das "Empresas Privadas", temos outros instrumentos além de *Private Equity*, por exemplo, *Venture Capital* — um instrumento que expõe o investidor a negócios em diferentes estágios iniciais de desenvolvimento.

Todos estes instrumentos de renda variável têm diferentes características, mas também muitas similaridades — um pagamento futuro incerto em um prazo incerto. E todos têm seu papel na construção de um portfólio eficiente. Mas, de uma maneira geral, sua contribuição se dá dentro do portfólio de risco e com o objetivo de aumentar o retorno esperado.

C. Investimentos alternativos

A partir de 2001, com o estouro da bolha da internet e os ataques terroristas de 11 de setembro, as taxas de juros mundiais caíram para mínimos históricos. Muitos investidores globais, insatisfeitos com os baixos retornos da renda fixa, começaram a procurar outras oportunidades de investimento; em particular, imóveis, *Hedge*

---

[70] Importante tomar cuidado com os nomes dos vários instrumentos pois eles podem ser enganosos. Empresas de "Valor" (*Value*) são empresas muito baratas, mas em um mercado informacionalmente eficiente, possivelmente estão muito baratas por um bom motivo. Ou seja, empresas de Valor são usualmente empresas castigadas pelo mercado e, apesar do nome chamativo, são um investimento bastante arriscado.

Funds, commodities, Private Equity, Private Debt, moedas digitais e até mesmo arte[71] e outros colecionáveis.

De início, a recomendação era de que estas "novas classes de ativos alternativos" deveriam fazer parte de um portfólio Satélite e não do portfólio "Core" — ou principal —, e não deveriam ultrapassar a marca de 10% dos investimentos.

Mas, com a crise de 2008 e a perspectiva de uma nova década de juros baixos, os investimentos alternativos ganharam força e cada vez mais espaço nos portfólios internacionais.

Hoje, para muitos investidores globais — especialmente os institucionais e, em particular, alguns *endowments* de universidades americanas —, investimentos alternativos podem representar até 60% do portfólio. São, portanto, o portfólio *Core*. Além do mais, a partir de 2008, as moedas digitais também surgiram e se firmaram como opção de investimentos.[72]

Investimentos alternativos têm seu lugar dentro do portfólio de risco e são uma importante fonte de diversificação e de retorno. No entanto, o quanto alocar em alternativos depende das características de cada investidor; em particular da sua tolerância a falta de liquidez — no caso de *Hedge Funds, Private Equity, Private Debt,* arte e colecionáveis — ou da sua tolerância à volatilidade extrema — como no caso das *commodities* e das moedas digitais.[73]

Investimentos em imóveis, seja através de fundos imobiliários (no Brasil) ou *Reits* (nos Estados Unidos), não sofrem com falta de liquidez e possuem uma volatilidade próxima àquela da renda variável. Neste sentido, talvez este seja o investimento alternativo de maior sucesso e cujo papel no portfólio chegou o mais próximo daquele desempenhado pelas classes de ativos tradicionais — renda fixa, crédito e ações.

---

[71] Para quem tiver interesse em estudar o papel da arte em um portfólio financeiro, ver Menconi (2021).
[72] Ver Chemalle (2019) sobre o papel das moedas digitais (e arte) em um portfólio financeiro.
[73] Uma análise da volatilidade das moedas digitais está em Guimarães (2023).

Porém, quando se fala de investimentos alternativos, é importante fazer três alertas: dois relacionados à iliquidez e o terceiro às moedas digitais.

Em primeiro lugar, como é muito difícil precificar ativos ilíquidos, muitas vezes eles são marcados na curva e não a mercado. Discutiremos mais a fundo estas duas formas de precificação no capítulo a seguir. Neste capítulo, cabe dizer que marcação na curva pode ser uma maneira de mascarar a volatilidade do investimento e de se cobrar uma taxa de desempenho indevida.

O que acontece é que ninguém sabe o preço dos ativos alternativos por serem pouco negociados. Muitas vezes, as cotas dos fundos são divulgadas apenas esporadicamente e, muito comumente, extrapoladas para cima. Por exemplo, um produto que tenha sofrido uma forte queda em determinado período e depois subido de preço pode divulgar uma cota sem variação ou, muito possivelmente, com um retorno superior àquele da Libor ou do CDI — que permitam a cobrança de uma taxa de desempenho.

Na verdade, não é incomum observar anos de fortes quedas no mercado de ações acompanhados de um bom desempenho dos fundos de *Private Equity*. Ou seja, independentemente das idas e vindas do mercado de ações, a cota dos fundos de *Private Equity* sobem feito um reloginho! *Really*?

O investidor simplesmente não tem como saber o que está acontecendo pois os produtos não são transacionados. Apenas na hora da devolução do dinheiro — que pode demorar entre cinco e 10 anos no caso de *Private Equity* ou de vários meses, no caso dos *Hedge Funds* — o investidor saberá se fez ou não um bom negócio. Neste meio-tempo, as cotas dos fundos são "suavizadas", assim como a taxa de desempenho; taxa de desempenho esta que, se a marcação fosse a mercado, não seria cobrada.

Em segundo lugar, apesar de inúmeros estudos acadêmicos, ainda não é claro se existe ou não um prêmio por Iliquidez.[74] A

---

[74] Para uma análise da volatilidade de *Private Equity*, do prêmio de risco desta classe de ativos e do prêmio de iliquidez, ver Abdalla (2023) e Vieira (2018). A tese de Abdalla, em particular, "dessuaviza" os retornos de *Private Equity* na tentativa de inferir sua verdadeira volatilidade.

evidência empírica é ambígua. Ou seja, ainda não se sabe se o investidor é compensado pelo desconforto de não poder acessar seu investimento por um longo período. Será que o risco de Liquidez é um risco vazio, que não comanda excesso de retorno — como vários outros riscos vazios que existem no mercado financeiro?

Considere novamente o caso de *Private Equity*, uma classe de ativos alternativos que, nas duas últimas décadas, gerou um retorno excedente significante. Pois o motivo deste bom desempenho pode não ser a existência de um prêmio por iliquidez. O excesso de retorno pode vir do fato de que os gestores de *Private Equity* estão se apropriando de um ganho que antes só se materializava quando a empresa abrisse seu capital na bolsa de valores.

Veja só. Era muito comum na década de 1990 e no início dos anos 2000 que uma empresa, ao abrir seu capital, obtivesse ganhos expressivos no preço de suas ações. Hoje estes ganhos são bem menores justamente porque os fundos de *Private Equity* podem estar "passando na frente" e antecipando aqueles ganhos que antes pertenceriam ao território da *Public Equity*. Em outras palavras, não é um prêmio por iliquidez!

Em terceiro lugar, um alerta sobre moedas digitais. Aqui o problema não é apenas a volatilidade — que é extrema. Como este é um mercado que ainda está em desenvolvimento, existe um risco de contraparte bastante elevado. Ou seja, pode acontecer de o gestor simplesmente desaparecer com o dinheiro.

Portanto, se em vez de investir diretamente em moedas digitais a opção for por investir através de gestores, é muito importante executar uma *due dilligence* cuidadosa. Obviamente, esta é uma boa prática para qualquer investimento. Porém, no caso de moedas digitais, a *due dilligence* cuidadosa é mais do que isso. É uma necessidade!

Em resumo, investimentos alternativos têm um papel no portfólio de risco e são importante fonte de diversificação e retorno. Mas este benefício não vem sem custos. Investimentos alternativos podem ter a volatilidade suavizada, podem cobrar taxas de desempenho que não deveriam ser cobradas e requerem uma *due dilligence* muito mais cuidadosa do que nos investimentos tradicionais.

D. Conclusão

Investir é sobre construir portfólios. E todo portfólio eficientemente construído possui dois componentes, ou portfólios base. O primeiro, o portfólio de mínimo risco, tem como objetivo diminuir a volatilidade — seja a volatilidade absoluta do portfólio, seja a volatilidade com relação a um passivo. Por sua vez, o segundo componente, o portfólio de risco, tem por objetivo aumentar o retorno esperado. O portfólio eficiente surge da combinação apropriada destes dois componentes.

Para construir tanto o portfólio de mínimo risco quanto o portfólio de risco existem instrumentos financeiros feitos quase que sob medida.

Para diminuir a volatilidade, existem os instrumentos de renda fixa, com suas taxas de juros e maturidades predefinidas. São os mais diversos instrumentos, feitos para atender às mais diferentes necessidades.

Por exemplo, aquele investidor com o objetivo de minimizar a volatilidade absoluta do portfólio tem como instrumento mais adequado o caixa — ou, em outras palavras, o CDI (aqui no Brasil) ou a Libor (no exterior) —, ambos títulos de renda fixa de maturidade de um dia que seguem a taxa de juros de mercado.

Por outro lado, o investidor que tenha como objetivo também minimizar a volatilidade do portfólio, mas em termos de um determinado passivo, terá como instrumento mais adequado ou os títulos prefixados, ou os títulos indexados de inflação — dependendo apenas de o passivo ser definido em termos nominais ou em termos reais.

Já para aumentar o retorno esperado, existem os instrumentos de renda variável, que não possuem nem retorno nem maturidade predefinidos, mas que permitem a possibilidade de uma participação nos lucros do empreendimento e de um retorno potencialmente mais alto. Instrumentos de renda fixa também cabem no portfólio de risco, em particular aqueles créditos mais apimentados ou títulos de renda fixa de maturidades mais longas — quando o objetivo é um ganho de capital e não apenas o carregamento.

Além do mais, renda fixa e renda variável não são os únicos instrumentos a compor um portfólio eficiente. Moedas têm também o seu papel, seja no portfólio de mínimo risco — para o caso de investidores com passivos em diferentes moedas —, seja no portfólio de risco, quando o objetivo é aumentar o retorno esperado. E o mesmo acontece com outros instrumentos tais como derivativos, *commodities* e fundos imobiliários, entre vários outros.

Porém, o importante de ser notado é que, qualquer que seja o instrumento, ele deve ser pensado dentro do contexto do portfólio; seja com o objetivo de diminuir a volatilidade, como no caso do portfólio de mínimo risco, seja com o objetivo de aumentar o retorno esperado, como no caso do portfólio de risco.

11
Investindo em renda fixa

Instrumentos de renda fixa são um componente fundamental do portfólio de mínimo risco e têm papel determinante tanto na minimização da volatilidade absoluta do portfólio quanto na minimização da volatilidade relativa a uma determinada estrutura de passivos.

De fato, instrumentos de renda fixa[75] combinam um alto nível de segurança com uma grande visibilidade. Alto nível de segurança, pois são empréstimos soberanos, o que tende a ser muito menos arriscado que emprestar para empresas, estados ou municipa-

---

[75] Neste capítulo, estamos considerando renda fixa como sendo apenas investimentos em títulos soberanos — ou empréstimos para governos federais. Porém, também é possível emprestar para empresas, estados e municipalidades com um prazo exato para que a totalidade do investimento seja devolvida e com um rendimento especificado antecipadamente (importante notar que, no Brasil, não existe o instrumento "emprestar para municipalidades", mas nos Estados Unidos sim). Neste livro, estes investimentos estão categorizados sob o nome de "crédito" pois, enquanto possuem características de renda fixa, a possibilidade de que não venham a ser pagos, ou pagos apenas parcialmente — o chamado risco de crédito —, acaba dando a eles características mais próximas do portfólio de risco do que do portfólio de mínimo risco. Isto é bem característico do Brasil, país onde a renda fixa soberana vem pagando altíssimos rendimentos e o mercado de crédito ainda é pouco desenvolvido. Mas é importante mencionar que, em países desenvolvidos, onde as taxas de juros dos títulos soberanos foram, por vários anos, extraordinariamente baixas, muitos portfólios de mínimo risco são construídos com instrumentos de crédito grau de investimento ao invés de títulos soberanos. Instrumentos de crédito já foram tratados no capítulo 10. Neste capítulo 11 do livro, o foco serão instrumentos de renda fixa soberana, sem nenhum foco no componente de crédito.

lidades[76] dentro de um mesmo país.[77] Também permitem grande visibilidade, pois determinam um prazo exato (a maturidade) para que a totalidade do investimento seja devolvida, acrescida de um rendimento (a taxa de juros) especificado antecipadamente.

Um exemplo pode ser ilustrativo. Considere um título prefixado emitido pelo Tesouro americano, com maturidade de cinco anos e pagando uma taxa de juros de 2,5% ao ano.[78] Neste caso, ao investir US$ 1 milhão neste título, o investidor sabe que, exatamente daqui a cinco anos, o governo dos Estados Unidos se comprometerá a devolver estes mesmos US$ 1 milhão e ainda pagar um rendimento de US$ 25.000 por ano — totalizando US$ 125.000 em cinco anos.[79]

Note que este é um investimento bastante seguro, pois o dinheiro foi emprestado para o governo americano; e não para uma empresa, estado ou municipalidade. Além do mais, existe visibilidade sobre quando e quanto se irá receber, pois é o Tesouro dos Estados Unidos que se compromete a devolver o principal de US$ 1 milhão daqui a cinco anos, com um adicional de juros de 2,5% ao ano sobre o investimento.

---

[76] Nos Estados Unidos existe um instrumento chamado *municipal bonds* e não são garantidos pelo governo federal.

[77] Questiona-se se o investimento em empresas poderia ser menos arriscado do que o investimento em um país. O argumento geral é que, se um país não pagar suas dívidas, suas empresas também não terão condição de pagá-las. Por estes motivos, agências de classificação de risco usualmente colocam a classificação das empresas abaixo da classificação do seu país. No entanto, esta é apenas uma regra geral e existem exceções.

[78] A taxa de 2,5% ao ano foi aproximadamente a taxa de juros média que foi paga pelo governo americano por um título de cinco anos entre 2000 e julho de 2023. A taxa média exata, na verdade, é de 2,6%. A título de curiosidade, neste mesmo período, esta taxa de juros média nos títulos prefixados de cinco anos foi de 2,63% ao ano no Reino Unido e, no Brasil, de 14,28%.

[79] Existem diferentes modalidades de títulos de renda fixa, alguns pagando juros periodicamente, outros sendo vendidos com um desconto e ainda outros pagando tudo no final. Todos, no entanto, possuem uma data final para o investimento — a maturidade — e um rendimento especificado antecipadamente. Neste exemplo estamos assumindo um título que paga juros anualmente. Uma boa análise do mercado de renda fixa no Brasil está em Varanda Neto et al. (2019).

Em outras palavras, contrariamente ao que acontece com investimentos de risco — em particular a renda variável —, na renda fixa existem muito poucas dúvidas sobre o valor e a data do recebimento.

Porém, assim como acontece com tudo em finanças, estes benefícios — segurança e visibilidade — não são desprovidos de custos. Em equilíbrio geral, investidores de renda fixa aceitam receber rendimentos consideravelmente mais baixos para poder usufruir dos benefícios desta classe de ativos. Por exemplo, os títulos prefixados de cinco anos emitidos pelo Tesouro Americano pagaram, nos últimos 25 anos, uma taxa de juros média de 2,6% ao ano; próxima do exemplo anterior (que foi de 2,5%). Já o mercado de ações americano — onde nem o prazo nem o retorno do investimento são predeterminados —, o retorno anual médio foi quase o dobro, de 5% ao ano.

Este era um resultado esperado. Afinal, em equilíbrio geral, ninguém aceitaria investir em ações — ao invés de renda fixa — se o investimento em ações não tivesse pelo menos um retorno esperado consideravelmente maior. As qualidades inerentes a um instrumento de renda fixa — segurança e previsibilidade — fazem com que investidores disputem estes instrumentos, tornando-os mais caros. É neste sentido que o rendimento — ou a taxa de juros, no caso da renda fixa — tende a cair abaixo daquele da renda variável.

Esta diferença, ou *spread*, recebe o nome de *Equity Risk Premium*[80] e nada mais é do que uma compensação que o mercado de ações acaba por pagar para convencer os investidores a renunciarem à renda fixa.

Este capítulo trata sobre como investir em renda fixa, uma classe de ativos segura, com visibilidade, que é parte fundamental do portfólio de mínimo risco, mas que, justamente devido a esses benefícios, paga um retorno esperado menor do que investimentos de risco. O capítulo subsequente analisará investimentos em renda variável; em particular, investimentos em ações.

---

[80] Para uma análise do *Equity Risk Premium*, ver Matheus (2021a) e Sanvicente e Carvalho (2016).

Mas, antes de iniciarmos esta discussão, cabe esclarecer um fato curioso: nos últimos 25 anos, investimentos em renda fixa no Brasil, além de seguros e com visibilidade, pagaram um rendimento extraordinário, que em países desenvolvidos só poderia ser obtido com investimentos de alto risco. Não é à toa que esta classe de ativos se tornou a preferida dos brasileiros.

A. O investimento mais popular do Brasil

Pois é isso mesmo! Contrariamente ao que seria esperado e ao que já ocorre nos países desenvolvidos, nos últimos 25 anos a renda fixa no Brasil pagou um rendimento elevadíssimo. Se esta realidade irá ou não persistir é algo ainda a ser verificado.

Como comparação, nos últimos 25 anos, um título prefixado de cinco anos pagou, no Brasil, 14,28% ao ano, comparado com 2,6% para um título equivalente do Tesouro americano. Este é um retorno impressionante, que permitiria que um investimento dobrasse de valor em apenas 5,2 anos, comparado com 27 anos nos Estados Unidos.

Quando ajustamos pela inflação — mais alta no Brasil que nos Estados Unidos —, os resultados ficam ainda mais impressionantes. Um prefixado de cinco anos no Brasil pagou, nos últimos 25 anos, em termos reais, 7,9% ao ano, comparado com apenas 0,06% nos Estados Unidos.

Com taxas de juros reais desta magnitude, é possível dobrar o patrimônio, em termos reais, em apenas 9,2 anos no Brasil e em 1.160 anos nos Estados Unidos (sim, você leu certo, mil cento e sessenta anos!).

Rendimentos assim elevados, aliados à segurança e à previsibilidade, fazem da renda fixa o investimento preferido da maioria dos brasileiros. Os números são ilustrativos. De acordo com dados da Anbima (2022), a caderneta de poupança, uma modalidade de renda fixa, é parte do portfólio de 23% da população brasileira. Por outro lado, na indústria de fundos, 51,73% dos investimentos estão alocados em fundos de renda fixa,[81] comparados com apenas 6,8% para os fundos de ações. Isto está em forte contraste com a típica alocação de um investidor americano, que é de 40% em renda fixa e 60% em ações.

Os motivos de as taxas de juros brasileiras serem assim tão elevadas são ponto de um intenso debate que ainda não foi resolvido.[82] Também não está claro se os juros extraordinariamente elevados irão persistir no futuro próximo. Porém, nos últimos 25 anos, esta foi a realidade brasileira; um fato bastante curioso à luz dos baixos retornos da renda fixa nos países desenvolvidos.

B. Investir diretamente ou através de gestores?

Feita esta breve introdução, cabe a pergunta: como investir em renda fixa?

De maneira geral, existem duas possibilidades: investir diretamente ou investir através de fundos de terceiros.

---

[81] Anbima (2023). De acordo com a Anbima, o patrimônio líquido dos fundos de investimento em renda fixa equivale a 37,5% do total da indústria de fundos. Porém, 15,95% são fundos de previdência, que alocam pelo menos 13,28% em renda fixa. Portanto, no Brasil, pelo menos 37,5% + 13,28%, ou 51,73% do patrimônio da indústria de fundos de investimento, está alocado em renda fixa.

[82] Existem várias visões justificando as altas taxas de juros que prevalecem no Brasil. Algumas delas estão enumeradas a seguir: (i) o Brasil ainda é um país em desenvolvimento, com um baixo estoque de capital, alta produtividade marginal do capital e, portanto, altas taxas de juros; (ii) o Brasil ainda é um país pobre, com uma poupança baixa e, portanto, juros elevados; (iii) risco Brasil e risco cambial elevados implicam taxas de juros elevadas; (iv) o desequilíbrio das contas públicas aumenta o risco fiscal e, como consequência, as taxas de juros. O debate, na verdade, é muito rico. Algumas análises importantes da economia brasileira são Guimarães (2015), Leitão (2019), Machado (2005), Nakano (2020), Nassif (2007), Bresser-Pereira (2018), além dos dois ótimos livros de Rezende (2017; 2020). Para aqueles que precisarem de uma introdução à macroeconomia, uma ótima referência é o livro do professor Rogério Mori (2021).

i. Investir diretamente

Investir diretamente pode ser feito através da compra de títulos soberanos pelo Tesouro Direto[83] ou, para volumes maiores, através de um fundo exclusivo. Então, o próprio investidor poderia implementar seu portfólio de mínimo risco.

Isto, obviamente, requer tempo, paciência, dedicação, algum conhecimento e, se necessário, a orientação de uma consultoria especializada. Mas investir diretamente tem duas vantagens importantes.

Em primeiro lugar, é a maneira mais barata de se investir e, no longo prazo, custos são um fator significante no bom desempenho de qualquer investimento.

Em segundo lugar e ainda mais importante, investir diretamente permite uma adequação precisa dos instrumentos de renda fixa com a estrutura de passivos do investidor — a principal função do portfólio de mínimo risco[84].

Considere o seguinte exemplo: um investidor que tenha R$ 1,8 milhão para investir em renda fixa e que estime gastar R$ 15.000 por mês.

Neste caso, um portfólio de mínimo risco a ser considerado seria um que separasse um ano de gastos (R$ 180.000) para investir em títulos indexados ao CDI, com maturidade de 1 dia, e depois dividisse o resto do dinheiro em partições de R$ 180.000 para investir em uma estratégia que combinasse prefixados — mais adequados para o curto e médio prazo — com títulos indexados à inflação — mais adequados para o longo prazo.

Ainda neste exemplo, existem inúmeras estratégias que poderiam ser seguidas na construção do portfólio, ao gosto de cada

---

[83] Para quem quiser entender melhor como funciona o Tesouro Direto, o livro de Dana e Longuini (2015a) é uma ótima referência.

[84] No capítulo 9, "Investir é sobre construir portfólios", usamos um exemplo de exposição a outras moedas como maneira de fazer um *asset liability management*. Neste capítulo consideraremos o caso em que não existem *liabilities* em outras moedas, com o objetivo de focar na gestão ativo-passivo ao longo do tempo e não ao longo de geografias.

investidor. Uma delas poderia ser a seguinte: (i) investir os gastos esperados entre um e quatro anos em prefixados: R$ 180.000 em um prefixado com maturidade de um ano, R$ 180.000 em um prefixado de dois anos, R$ 180.000 em um prefixado de três anos e, por fim, R$ 180.000 em um prefixado de quatro anos; (ii) então, a partir do quinto ano, o investidor compraria títulos indexados à inflação: R$ 180.000 em um título indexado à inflação de maturidade de cinco anos, outros R$ 180.000 em um título indexado de maturidade de seis anos e assim por diante; até o nono ano. Note que isto totalizaria o R$ 1,8 milhão do investidor.

Os números anteriores não são exatos pois existem vários detalhes a serem considerados. Porém, detalhes à parte, o exemplo é uma ilustração bastante adequada de como um portfólio de mínimo risco pode ser construído. E não existe muita dificuldade!

Também é importante mencionar que, na maioria das vezes, os investidores não têm clareza sobre seus passivos; e circunstâncias imprevistas acontecem.

No que diz respeito à falta de clareza sobre o passivo, cabe dizer que é importante que os investidores pensem com cuidado sobre seus gastos recorrentes. Autoconhecimento é bom e ajuda. Por exemplo, podem perceber que trocam de carro a cada três anos, que viajam uma vez por ano, que pretendem se aposentar em 15 anos, que gostariam de pagar a faculdade dos filhos em cinco anos e assim por diante.

Pois saibam que, no mundo dos investimentos, entender o passivo é muitíssimo mais importante do que perder tempo em missões quase impossíveis, como a de "achar aquele ativo bom e barato, que vai subir de preço, mas que, INACREDITAVELMENTE, ninguém ainda descobriu"![85]

É claro que pensar sobre o passivo não é a tarefa mais divertida do mundo. Para o típico investidor, gostoso mesmo é discutir para onde vai a taxa de câmbio, o que vai acontecer com a bolsa e a sempre emocionante situação política do país. O problema é que tudo isto já saiu no noticiário e está mais do que refletido nos pre-

---

[85] Tenani, Cintra, Leme e Villares (2015).

ços dos ativos. Em termos de investimentos, não é muito diferente do que conversar sobre esportes: divertido, porém inútil para seu portfólio. Quase uma conversa de restaurante para a sexta-feira à noite com os amigos.

Por outro lado, entender o passivo pode não ser divertido. Mas, nos tempos modernos, é assim que se investe. E, para tanto, é preciso autoconhecimento.

Já sobre as circunstâncias imprevistas, elas acontecem com demasiada frequência. E vale a pena pensar sobre elas. Pois um portfólio de mínimo risco bem construído pode, neste caso, também ajudar; quem sabe, separando um ano adicional de gastos (R$ 180.000) para investir no CDI, entre várias outras opções.

Obviamente, pensar sobre circunstâncias imprevistas não é nada agradável. Porém, com certeza, em termos de investimentos, é certamente mais útil do que discutir sobre aquilo que já foi precificado pelo mercado ou se dedicar a missões impossíveis.

ii. Investir através de gestores

Uma segunda opção para investir em renda fixa seria a de comprar cotas de fundos de terceiros. Ou seja, investir através de gestores.

Isto é recomendado apenas para aquela parcela de renda fixa que irá fazer parte do portfólio de risco e, portanto, com foco no retorno esperado do portfólio.

Para aquela parcela da renda fixa que irá fazer parte do portfólio de mínimo risco — com foco na minimização da volatilidade — é mais adequado investir diretamente. A não ser que o investidor não tenha tempo, paciência, vontade e definitivamente não queira a ajuda de uma consultoria especializada.

Investir através de fundos de renda fixa torna muito difícil a adequação precisa dos investimentos com a estrutura de passivos do investidor; o objetivo fundamental do portfólio de mínimo risco.

Pense em um fundo de renda fixa que se comprometa a manter uma determinada maturidade, por exemplo, cinco anos. O problema é que a estrutura de passivos do investidor não tem maturidade fixa. Em um determinado ano, os gastos com a faculdade dos filhos estão previstos para depois de 10 anos. Porém, com o passar do tempo, ficam previstos para depois de nove anos. Então, para depois de oito anos. E assim por diante. Adicione a esta dinâmica os gastos com uma aposentadoria prevista para daqui a 20 anos, além de inúmeros outros desembolsos futuros que, com o passar do tempo, se aproximam cada vez mais do presente.

Ou seja, a maturidade do passivo do investidor está sempre mudando e de uma maneira muito específica ao próprio investidor. Isto é difícil de ser replicado com fundos de terceiros com centenas ou milhares de investidores e que controlam a maturidade média do fundo.

É neste sentido que aquela parcela da renda fixa que irá compor o portfólio de mínimo risco seria melhor feita através de investimentos diretos em títulos e não através de fundos de investimentos. Por sua vez, aquela parcela da renda fixa que irá compor o portfólio de risco talvez seja melhor feita através de fundos de terceiros.

Agora, um alerta: investir em um fundo de renda fixa pode não ser a melhor opção para o portfólio de mínimo risco; mas, com certeza, é significantemente melhor do que alocar aquele dinheiro que deveria estar no portfólio de mínimo risco — e, portanto, com o objetivo de diminuir a volatilidade do portfólio — em um ativo de risco, cujo objetivo seria o de aumentar o rendimento. Este é um erro grave que muitas vezes tem consequências; às vezes para o bem, às vezes para o mal.

Por fim, enquanto investir em fundos de terceiros pode não ser a melhor estratégia para o portfólio de mínimo risco, é uma estratégia adequada para o portfólio de risco — que foca no retorno esperado e não tem preocupação alguma em adequar ativos com passivos.

C. Conceitos principais

Uma vez terminada a questão sobre como investir em renda fixa — diretamente ou através de fundos de terceiros —, chegou a hora de analisar alguns conceitos básicos que caracterizam esta classe de ativos. São eles: maturidade, *Duration*, marcação na curva e marcação a mercado. Analisaremos também como calcular a "taxa justa" de um título de renda fixa, classificando os *spreads* das diferentes subclasses.

i. Maturidade

Na seção anterior discutimos o caso de um investidor que possui R$ 1,8 milhão, que gasta R$ 15.000 por mês (R$ 180.000 por ano) e que constrói seu portfólio de mínimo risco alocando vários "pedaços" de R$ 180.000 em títulos de diferentes maturidades: maturidade zero para o caso do CDI e maturidades de um, dois, três e até nove anos para os títulos prefixados e indexados à inflação. Pois qual a maturidade média deste portfólio?

Bem, multiplicando cada maturidade pelo valor alocado (R$ 180.000) e dividindo pelo total investido (R$ 1,8 milhão) — ou seja, calculando uma média ponderada —, chegamos a uma maturidade média de 4,5 anos para este portfólio de mínimo risco.

Notem que a maturidade média do portfólio é uma estatística descritiva de um investimento bastante complexo. Assim como também o é a maturidade média de uma estrutura de passivos. Afinal, existem diversos títulos de renda fixa em um portfólio, cada um com diferentes maturidades. E, na estrutura de passivos, também existem diferentes gastos, distribuídos nos mais diversos momentos.

Como descrever, ou sintetizar, um portfólio de renda fixa e uma estrutura de passivos complexas? Pois a maturidade média é uma estatística descritiva das mais importantes.

Por exemplo, vamos assumir que o investidor viva em um país com um mercado financeiro pouco desenvolvido; no qual o governo federal emita apenas dois títulos soberanos: um título de maturidade de um dia (*cash* ou o nosso CDI) e um título com maturidade de sete anos. Por outro lado, o investidor possui uma estrutura de passivos ultracomplexa com uma maturidade média de 4,5 anos. Como construir o portfólio de mínimo risco deste investidor?

Uma opção seria coincidir as maturidades: a maturidade da estrutura de passivos com aquela do portfólio. Ou seja, construir um portfólio com maturidade de 4,5 anos. Obviamente, esta não é a solução ideal que, entretanto, só poderia ser implementada se este país tivesse um mercado financeiro mais desenvolvido, com títulos de diversas maturidades.

Porém, usando um linguajar emprestado da matemática, coincidir a maturidade do portfólio de mínimo risco com a da estrutura de passivos seria uma "aproximação de primeira ordem".[86]

Neste sentido, depois de alguns cálculos, um portfólio de mínimo risco que alocasse 35,71% do Patrimônio (R$ 642.857,21) no título com maturidade de um dia e 64,29% do Patrimônio (R$ 1.157.143,86) no título com maturidade de sete anos seria exatamente esta "aproximação de primeira ordem". Não é perfeito, mas é o melhor que pode ser feito em um país com um mercado financeiro com apenas dois títulos soberanos.

ii. Duration

Um conceito parecido com o da maturidade média de um portfólio é o conceito de *Duration*, que, assim como a maturidade média, também é uma estatística descritiva de um portfólio complexo.

Duration é também uma aproximação de primeira ordem. Mas uma aproximação de primeira ordem sobre como o portfólio se comporta em resposta a uma modificação nas taxas de juros. Na

---

[86] A Série de Taylor é uma expressão que permite aproximar localmente uma função polinomial através de termos de primeira ordem (linear), segunda ordem (quadrático), terceira ordem (cúbico) e assim por diante, até a ordem N (elevada a N). Uma aproximação de primeira ordem, ou aproximação linear, é, portanto, a primeira e mais importante aproximação de uma função polinomial; com os outros termos resultando em aproximações acumuladas cada vez melhores, mas com contribuições cada vez menores.

verdade, a definição de *Duration* é justamente "a derivada do valor do portfólio com relação a taxa de juros".

Em outras palavras, enquanto a maturidade média de um portfólio de renda fixa é uma estatística descritiva apropriada para o fluxo de caixa médio deste portfólio, a *Duration* reflete o "risco de juros", ou a mudança no valor do portfólio em resposta a um movimento dos juros de mercado.

Na verdade, a *Duration* e a maturidade média de um portfólio são relacionadas. E, em certas condições, coincidem. Porém, o conceito de *Duration* leva em consideração várias outras complexidades que a maturidade média não considera. Este seria o caso de um portfólio que tivesse títulos de renda fixa muito diferentes — alguns pagando juros anuais, outro semestrais e assim por diante.

Ou seja, no caso de um portfólio cheio de complexidades, a *Duration* é uma estatística descritiva superior à maturidade média, permitindo um melhor entendimento de como um portfólio se comporta em diferentes circunstâncias.

Um exemplo pode ser ilustrativo. Considere aquele portfólio mais complexo, composto de 10 títulos de maturidades diferentes (zero, um, dois, três, ..., nove anos) e com um valor de R$ 1,8 milhão. Vamos assumir que todos estes títulos paguem uma mesma taxa de juros de 10% ao ano e que o portfólio, portanto, também pague uma taxa de juros de 10%.

Assuma agora que as taxas de juros de mercado subam para 12% ao ano, devido a um aperto monetário do Banco Central. O que acontecerá com o valor deste portfólio?

Pois o conceito de *Duration* permite o cálculo aproximado da variação do valor do portfólio e, consequentemente, de seu novo valor. A fórmula é bastante simples:

*Variação do $ do portfólio = - variação da taxa de juros * "Duration"*[87]

---

[87] Por ser uma aproximação de "primeira ordem", a *Duration* é uma boa indicação da mudança no valor do portfólio devido à alteração na taxa de juros, apenas quando esta alteração for pequena. Para alterações nos juros cada vez maiores, a fórmula no texto começa a ficar cada vez mais imprecisa. Portanto, para alterações maiores nos juros, seria necessário acrescentar uma aproximação de segunda

Ou seja, assumindo uma *Duration* de aproximadamente 4,5 anos[88] e um aumento de 2 pontos percentuais na taxa de juros (de 10% para 12% ao ano), a queda no valor do portfólio seria de 9% ou R$ 162.000. O novo valor do portfólio seria, portanto, R$ 1,8 milhão - R$ 162.000 = R$ 1,638 milhão.[89]

iii. Marcação na curva versus marcação a mercado

Neste ponto surgem algumas questões adicionais. Afinal, a renda fixa não é fixa? Como um portfólio de renda fixa pode perder seu valor?[90]

Aqui entram dois diferentes conceitos: (i) o conceito de marcação na curva, no qual a renda fixa nem perde nem ganha valor na maturidade (e aí a renda fixa é realmente fixa); e (ii) o conceito de marcação a mercado, no qual a renda fixa perde ou ganha valor antes da maturidade (e aí a renda fixa, na realidade, não é fixa).

Na verdade, o termo renda fixa vem do fato de que os títulos desta classe de ativos pagam renda predefinida no futuro: em uma única data, devolvendo principal e os juros, ou em um fluxo de

---

ordem. Esta aproximação de segunda ordem recebe o nome de "convexidade" de um portfólio de renda fixa, com a definição de convexidade sendo "a medida de como a 'Duration' varia em resposta a uma alteração na taxa de juros". Convexidade é também um conceito importante no mundo da renda fixa, mas é consideravelmente mais técnico e, neste sentido, não será abordado neste livro, mas é abordado em várias das referências citadas.

[88] Note que estamos assumindo que a *Duration* deste portfólio é de "aproximadamente" 4,5 anos; o mesmo valor da maturidade média. Porém, a maturidade média do portfólio é igual à *Duration* apenas em casos específicos, como para os títulos *zero-coupon*, o que não é o caso deste exemplo em que os títulos pagam juros anuais. Para mais detalhes, e para quem quiser se aprofundar na matemática da renda fixa, o livro de Santos e Rangel (2020) e o livro de Fabozzi e Fabozzi (2022) são ótimas referências.

[89] Na fórmula acima, na realidade, deve-se utilizar o *Modified Duration*, que seria a *Duration* do portfólio dividida por (1 + taxa de juros). Para o caso deste portfólio com *Duration* de "aproximadamente" 4,5 anos, e que paga juros de 10% ao ano, a *Modified Duration* seria de 4,5/(1+10%) = 4,09 anos.

[90] Um bom livro sobre o tema é *A renda fixa não é Fixa*, de Marilia Fontes (2022).

caixa predefinido quanto ao valor ou quanto à regra de cálculo vinculada a algum indicador.

Porém, o valor do título antes do vencimento pode ser calculado de mais de uma maneira: pode-se considerar (i) o valor com que eu conseguiria negociá-lo no mercado hoje (marcação a mercado) ou (ii) o título corrigido pela taxa de retorno em que foi adquirido (marcação na curva). No caso (i), o valor de mercado hoje oscila de acordo com as perspectivas dos investidores sobre a trajetória das taxas de juros do país, capacidade de solvência do emissor, dinâmica de outras opções de investimentos etc. E este valor de mercado pode ser, inclusive, inferior ao preço de compra, levando o investidor a experimentar um retorno negativo num instrumento de renda fixa, algo que pode causar espanto em muitos investidores.

Mas antes de definirmos estes dois conceitos, vamos motivar a discussão analisando o exemplo mais detalhadamente.

Primeira coisa a notar é que, apesar do aumento na taxa de juros, o passivo do investidor continua a ser exatamente o mesmo: R$ 1,8 milhão. Porém, o aumento de 2 pontos percentuais nos juros derrubou o valor do portfólio de mínimo risco em R$ 162.000, para R$ 1,638 milhão.

Isto significa que existe um desbalanceamento entre ativos e passivos? Significa que o investidor não irá mais conseguir honrar com todos seus compromissos e deverá renunciar a gastos de R$ 162.000?

a. Marcação na curva

Na verdade, se o investidor fizer como planejado e esperar até a data de cada um dos vencimentos — ou seja, se segurar cada um dos títulos do portfólio até a maturidade —, não existe desbalanceamento algum. Seu portfólio de mínimo risco continua valendo R$ 1,8 milhão. Além do mais, ele não apenas terá seu dinheiro de volta, como receberá juros de 10% ao ano para cada R$ 180.000 em títulos que comprou.

E isto acontece porque o investidor tem 10 títulos na mão, todos garantidos pelo Tesouro Nacional, dizendo que: (i) daqui a um ano serão pagos R$ 180.000 mais 10% ao ano de juros (R$ 18.000); (ii) daqui a dois anos serão pagos R$ 180.000 mais 10% ao ano de juros (R$ 18.000 + R$ 18.000 = R$ 36.000); (iii) daqui a três anos serão pagos R$ 180.000 mais 10% ao ano de juros (R$ 18.000 + R$ 18.000 + R$ 18.000 = R$ 54.000); e (iv) assim por diante, até o nono ano.

Em outras palavras, nada acontece na maturidade. O dinheiro é totalmente devolvido e os juros a serem pagos serão exatamente aqueles combinados inicialmente: 10% ao ano (e não os 12% agora pagos pelo mercado).

Isto chama-se, em linguajar do mercado, de *marcação na curva* e simplesmente significa que, na maturidade, cada um dos títulos irá devolver os R$ 180.000 investidos mais os juros de 10% previamente acordados. Ou seja, em termos do "marcado na curva", o portfólio de mínimo risco continua a valer R$ 1,8 milhão mesmo com a nova taxa de juros de 12% ao ano.[91]

b. Marcação a mercado

Mas, então, o que significa a perda de R$ 162.000 do portfólio de mínimo risco, perda esta que resultou de um aumento nas taxas de juros de 10% para 12% ao ano?

---

[91] Fundos altamente ilíquidos, como *Private Equity*, usualmente marcam seus ativos na curva. Na verdade, como são ativos ilíquidos e não negociados, não há como precificá-los a mercado. O problema é que a marcação na curva mascara a volatilidade verdadeira dos ativos e o investimento parece "um reloginho"; usando um termo de mercado às vezes empregado para descrever a marcação na curva. Obviamente, na maturidade do investimento, o cliente irá saber o quanto ganhou ou perdeu. Notem que no exemplo anterior estamos falando de renda fixa soberana e, portanto, sabemos a data da maturidade, o valor a ser devolvido e o rendimento. No caso de *Private Equity*, que é renda variável, nada disso é sabido, e só saberemos se houve ganhos ou perdas, com relação à marcação na curva, quando as empresas forem vendidas e o dinheiro retornar ao investidor.

Pois esta perda é decorrente do que se chama de "marcação a mercado"; o valor do portfólio se ele fosse vendido hoje.

O que acontece é o seguinte: a princípio, o investidor tem R$ 1,8 milhão investido em 10 títulos de diversas maturidades, cada título pagando, na maturidade, R$ 180.000 mais uma taxa de juros de 10% ao ano.

Porém, as taxas de juros de mercado subiram. Elas não são mais 10% ao ano; e sim 12%. Portanto, se o investidor quiser vender seu portfólio, o portfólio terá de cair de preço; pois cada título terá que render 12% ao ano em vez de 10%. Neste sentido, se o investidor quiser vender seu portfólio, terá que vendê-lo por R$ 1,639 milhão — o valor do portfólio "marcado a mercado" — e amargar uma perda de R$ 162.000.

Duas coisas a notar. Primeiramente, devido à "marcação a mercado", o portfólio caiu de preço (queda de 9%) para poder pagar um retorno mais alto (juros de 12% ao ano ao invés de 10%). Isto tem que ocorrer pois, na maturidade, o Tesouro se comprometeu a cumprir o combinado: pagar os R$ 180.000 de cada um dos 10 títulos, mais uma taxa de juros de 10%. Com os juros de mercado a 12%, ninguém compraria estes títulos; a não ser que o preço fosse significantemente mais baixo do que R$ 180.000 — mais especificamente, 9% mais baixo, ou R$ 163.800. Ou seja, se o investidor decidir vender seu portfólio neste momento, antes da maturidade, terá de amargar uma perda.[92]

Além do mais, aquele investidor que decide não vender seu portfólio e o segura até a maturidade não sofre perda alguma. A queda de 9% no valor do seu portfólio é apenas uma flutuação, e não uma perda, a ser exatamente compensada pelos juros mais altos — de 12% ao ano (em vez de 10%). O investidor continuará a receber, na maturidade, para cada um dos 10 títulos, R$ 180.000 mais 10% ao ano de juros; exatamente conforme combinado.

---

[92] Em períodos de queda de juros, quando o preço dos títulos aumenta, ocorre o oposto e, ao vender antes da maturidade, o investidor tem um ganho.

c. Mas qual a melhor forma de precificar a renda fixa?

Marcação a mercado e marcação na curva são dois temas muito discutidos, porém pouco compreendidos.
Um exemplo pode ser ilustrativo.
Suponha um banco com R$ 1,8 bilhão em depósitos que são investidos em títulos de renda fixa e que a *Duration* deste portfólio seja de 4,5 anos — exatamente como no exemplo anterior.
Neste caso, os depósitos são a estrutura de passivos do banco, pois terão que ser devolvidos aos donos do dinheiro no momento em que eles pedirem o resgate. Ou seja, a "maturidade" média deste passivo é zero. O portfólio de renda fixa, por sua vez, são os ativos do banco; os títulos soberanos, com baixíssimo risco, em que o banco investiu. E este portfólio tem uma *Duration* de 4,5 anos.
Note que existe uma diferença de "maturidades" entre os passivos e os ativos do banco: passivos com maturidade zero e ativos com *Duration* de 4,5 anos. Isto é muito normal no mercado financeiro e recebe o nome de *maturity transformation*, um nome técnico para dizer que os bancos pegam os depósitos para investir em prazos mais longos — e, obviamente, embolsar a taxa de juros em benefício próprio.
Assuma agora que a taxa de juros suba 2 pontos percentuais.
Neste caso, os ativos do banco irão cair de valor em 2% * 4,5 * R$ 1,8 bilhão = R$ 162 milhões. Ou seja, o portfólio de renda fixa passa a valer apenas R$ 1,638 bilhão.
Agora é só imaginar uma corrida bancária com todos os depositantes pedindo seus R$ 1,8 bilhão de depósitos de volta *imediatamente*. Isto força o banco a vender seu portfólio de ativos, ao preço de mercado. Mas, a mercado, eles valem apenas R$ 1,638 bilhão! Ou seja, devido ao aumento dos juros, o banco enfrenta um descasamento de R$ 162 milhões entre seus ativos (títulos de renda fixa) e seu passivo (depósitos). Pois este banco irá à falência.
Note que o banco irá à falência mesmo tendo investido em títulos soberanos, que são ativos de baixíssimo risco. Ele não sofreu nenhum calote. Tudo em que o banco investiu seria pago na maturidade. O banco foi à falência simplesmente porque os juros subiram e sua estrutura de ativos tinha uma *Duration* mais longa

do que sua estrutura de passivos. Obviamente, se os juros tivessem caído, o banco teria um lucro enorme, se beneficiando de ter alavancado o dinheiro dos depositantes.

O ponto a ser observado é que, tanto a marcação a mercado quanto a marcação na curva são ambos conceitos importantes. Na verdade, marcação a mercado mede o valor do seu portfólio se você precisar vendê-lo hoje. Marcação na curva mede o valor do seu portfólio se você precisar vendê-lo na maturidade. Qual destes conceitos é o mais relevante, depende de quando o investidor planeja, ou precisa — como neste caso do banco — vender seu portfólio.[93] Mas ambos dão ao investidor uma importante sinalização.

No caso do banco, obviamente, é melhor marcar a mercado — uma vez que os depositantes podem exigir que seu dinheiro seja devolvido de imediato. Portanto, é importante o banco saber, a cada instante, qual o descasamento entre seus ativos (o portfólio) e o passivo (os depósitos). Por outro lado, no caso de um investidor que tem condições emocionais e financeiras de segurar o portfólio até a maturidade, marcação na curva fornece uma boa indicação de quanto ele realmente vai receber na maturidade; enquanto a marcação a mercado mostra o quanto ele irá receber se tiver que vender seu portfólio naquele exato momento.

iv. Como calcular a "taxa justa" de um título de renda fixa

O conceito de "taxa justa" é bastante subjetivo. Para alguns investidores, uma determinada taxa de juros pode ser alta o suficiente para carregar o título até o vencimento; ao passo que, para outros, a taxa pode ser muito baixa diante dos riscos e faz mais sentido vender o título e utilizar os recursos de outra forma. Este é o momento em que se torna possível uma transação de renda fixa e quando se encontram comprador e vendedor.

---

[93] Um aspecto importante, bastante ressaltado pelos defensores da marcação a mercado, é que mercados com marcação na curva tendem a ter baixa liquidez, pouca transparência de preços e, consequentemente, maiores custos de transação.

Mas existem algumas questões bastante objetivas e racionais que devem ser consideradas. Um título prefixado deve proporcionar ao investidor pelo menos a expectativa da taxa livre de risco do país (no caso do Brasil, o CDI, no caso dos mercados globais a Libor); caso contrário, nenhum investidor iria se interessar. É certo que muitas vezes os agentes de mercado se enganam sobre a trajetória do CDI ou da Libor, que terminam por pagar um maior retorno do que aquele do título prefixado. Mas, olhando para o futuro, com base nas informações disponíveis em determinado momento, é uma hipótese bastante razoável que a expectativa de retorno do título prefixado seja maior que a do CDI ou da Libor.

Por outro lado, um título indexado à inflação é mais seguro que o prefixado, justamente por proporcionar a proteção contra a inflação no período de investimento. Portanto, pelo menos no Brasil, investidores tendem a aceitar um prêmio esperado menor que aquele do prefixado para investir. Mas, ainda assim, maior que o do CDI, que não costuma ter oscilações devidas à marcação a mercado, como acontece com os títulos indexados à inflação. Por fim, os ativos com risco de crédito têm um prêmio adicional aos respectivos títulos públicos — o prêmio de crédito.

Em resumo, o conceito de uma "taxa justa de juros" é subjetivo e depende de cada investidor. Mas considerando o investidor médio, aquele que é representativo do equilíbrio de mercado, podemos dizer que, tudo o mais constante, uma taxa justa, para as várias categorias de renda fixa no Brasil, poderia ser resumida como:

$$i_{(crédito)} > i_{(prefixados)} > i_{(indexados\ à\ inflação)} > i_{(CDI)}$$

onde i representa a taxa de juros.

Importante notar que estes conceitos se aplicam tanto aos investimentos em renda fixa no Brasil como também no exterior, com apenas pequenas diferenças. Afinal, são os mesmos conceitos, princípios e os mesmos riscos.[94]

---

[94] Muitas vezes estes prêmios de risco se misturam. Por exemplo, títulos indexados ao CDI, mas com risco de crédito, podem ter um prêmio maior que um prefixado; assim como um prefixado de 15 anos pode ter um prêmio maior do que um título de crédito de um ano.

É claro que existem particularidades para cada mercado. Em mercados desenvolvidos como nos Estados Unidos, Japão e Europa, justamente por haver grande confiança no governo e nas instituições, o mercado de renda fixa costuma encontrar um equilíbrio em taxas mais baixas do que em mercados emergentes. Além do mais, com um histórico de inflação estável, nos países desenvolvidos, os títulos indexados à inflação tendem a pagar um prêmio e não um desconto, como no Brasil, sobre os títulos prefixados.

Também existe uma gama de opções de instrumentos de renda fixa muito superior àquelas do Brasil. Uma carteira típica de um investidor americano ou europeu costuma ter títulos de crédito com diversos níveis de risco: *high grade* (os de menor risco) e *high yield* (os de maior risco e retorno esperado). Também é comum o investimento em outras regiões — outros países desenvolvidos e mercados emergentes —, em outras moedas e em ativos vinculados ao mercado imobiliário.

Neste sentido, para os países desenvolvidos, uma melhor definição de "taxa justa" seria a seguinte:

$$i_{(\text{crédito "high yield"})} > i_{(\text{crédito "high grade"})} > i_{(\text{indexados à inflação})} > i_{(\text{prefixados})} > i_{(\text{Libor})}$$

onde a Libor seria o título prefixado de maturidade de um dia, equivalente ao CDI no Brasil.

D. Conclusão

Instrumentos de renda fixa são feitos sob medida para balancear ativos e passivos. São também investimentos de baixíssimo risco e com muita previsibilidade. Afinal, representam empréstimos para um país e não uma empresa, um estado ou uma municipalidade.[95] Além do mais, tem predeterminados tanto a data quando o dinhei-

---

[95] Mais uma vez, cabe lembrar que a regra geral é que títulos soberanos sejam menos arriscados do que crédito privado ou empréstimos a municipalidades. Mas existem várias exceções.

ro que será devolvido — a maturidade —, quanto o rendimento do dinheiro investido; a taxa de juros.

Devido a todas estas qualidades, instrumentos de renda fixa tendem a pagar retornos bastante baixos. Porém, nos últimos 25 anos, isto não aconteceu no Brasil, onde a renda fixa, apesar de sua segurança e visibilidade, ainda por cima pagou rendimentos extraordinários. Não é à toa que a renda fixa é a classe de ativos preferida dos investidores brasileiros.

Investimentos em renda fixa podem ser feitos diretamente — com o investidor comprando títulos do governo através do Tesouro Direto, ou através de um fundo exclusivo, ou como pessoa física, custodiando em bancos ou corretoras — ou indiretamente, com o investidor comprando cotas de fundos de terceiros.

Para o caso daqueles instrumentos de renda fixa que irão fazer parte do portfólio de mínimo risco, sendo responsáveis, portanto, por diminuir a volatilidade do investimento, a recomendação é que eles sejam comprados diretamente. Já para o caso daqueles instrumentos de renda fixa que irão fazer parte do portfólio de risco, com maior foco no retorno esperado do investimento, eles podem também ser comprados através de fundos de terceiros.

Assim como acontece com outras classes de ativos, investir em renda fixa requer o entendimento de alguns conceitos básicos característicos desta classe de ativos. Pois estes principais conceitos são maturidade, *Duration*, marcação na curva e marcação a mercado.

Maturidade e *Duration* permitem condensar em poucos fatores o comportamento de portfólios complexos. Portfólios de renda fixa possuem títulos de maturidades diferentes, com taxas de juros diversas, pagas em diferentes períodos. Maturidade e *Duration* são estatísticas descritivas importantes destes portfólios.

Por outro lado, marcação na curva e marcação a mercado são conceitos bastante discutidos, porém pouco compreendidos. Uma pena, pois um descasamento entre ativos e passivos pode resultar em prejuízos seríssimos ou lucros extraordinários; tudo dependendo do movimento das taxas de juros — como bem ilustrado no exemplo do banco na seção iii.c.

Estes conceitos estão longe de ser triviais. Nossa expectativa é que tenham sido devidamente esclarecidos neste capítulo.

12

Investindo em ações

Investimentos em renda variável[96] são um componente importante, senão o mais importante, de um portfólio de risco e, assim como tudo em finanças, possuem custos e benefícios.

Pelo lado dos custos, investimentos em renda variável tendem a ser muito mais incertos do que investimentos em renda fixa. Afinal, na renda variável não existe nem um prazo determinado para receber o dinheiro de volta, nem um retorno preestabelecido — tal como acontece com a renda fixa. Tamanha incerteza se reflete em oscilações de preço que tendem a ser muito mais elevadas.

Neste capítulo analisaremos em mais detalhes o investimento em ações, uma modalidade de investimentos em renda variável de enorme popularidade e importância.

Os números são ilustrativos. No Brasil, o índice Bovespa, representativo do mercado de ações, tem uma volatilidade histórica de 23% ao ano, comparado com 3,25% para os títulos prefixados.[97] Por sua vez, nos Estados Unidos, o índice S&P500, representativo do mercado de ações, tem uma volatilidade de 14,8%, comparado com 4,6% para os títulos prefixados.[98]

---

[96] Este capítulo, a título de ilustração, considera apenas investimentos em ações como representativos do universo de renda variável. Ações não são a única classe de ativos dentro da renda variável, mas são, sem sombra de dúvida, a mais importante.

[97] Estamos utilizando o índice IRFM para representar o universo dos prefixados no Brasil e o IBoxx Total Return para os precificados nos Estados Unidos. Os dados são referentes ao período 2013/05-2023/05.

[98] A maior volatilidade da renda fixa americana sobre a renda fixa brasileira deve-se ao fato de que, no mercado americano, a maturidade média dos títulos prefixados tende a ser consideravelmente mais longa, próxima aos 10 anos, enquanto

Quando olhamos para ações individuais, as diferenças são ainda mais gritantes, com a volatilidade de uma única ação podendo ser superior a 50% ao ano — tanto no Brasil quanto nos Estados Unidos. Já para um título individual de renda fixa, a volatilidade permanece praticamente inalterada. Olhando por este ângulo, investimentos em ações *não* são indicados para aqueles com coração fraco!

Pelo lado dos benefícios, investimentos em ações são o equivalente a tornar-se sócio minoritário de uma empresa. Ou seja, existe a possibilidade de participação nos lucros. E os ganhos, neste caso, podem ser simplesmente extraordinários. Basta imaginar um investimento na Apple ou na Google, feito justamente naquele período inicial, em que estas atuais gigantes do mundo da tecnologia eram ainda empresas de garagem. O céu é o limite!

Os números, mais uma vez, são ilustrativos. Nos Estados Unidos, nos últimos 20 anos, o retorno do S&P500 foi de 15,7% ao ano, comparados com 1,7% para os títulos prefixados. No Brasil, a diferença foi bem menor, mas ainda assim positiva: 14,6% para o índice Bovespa e 14% para os prefixados. Ou seja, neste período, o "prêmio" que a renda variável pagou sobre a renda fixa foi de 14 pontos percentuais nos Estados Unidos e de 0,6 ponto percentual no Brasil.

Quando olhamos para ações individuais, a diferença é ainda mais gritante, com o ganho podendo ser milhares de vezes superior, enquanto a perda é sempre limitada — não podendo ultrapassar a totalidade do investimento.[99] Na verdade, a renda variável, por ser mais volátil, tende a ter um retorno esperado superior àquele da renda fixa, como uma forma de compensar os investidores pelas noites maldormidas. E, quanto mais longo o período

---

no Brasil a maturidade média é próxima aos dois anos. E isto está refletido no comportamento dos índices observados.

[99] Cabe notar que, devido a características muito atípicas deste período — taxas de juros extraordinariamente baixas nos Estados Unidos e extraordinariamente elevadas no Brasil —, estes prêmios não devem ser esperados para o futuro e, possivelmente, não serão nem assim tão altos nos Estados Unidos e nem assim tão baixos no Brasil.

investido, maiores as chances de este retorno esperado mais alto se materializar.

A. Algumas ressalvas

Antes de iniciarmos a discussão sobre investimentos em ações, cabem alguns alertas. Afinal, investir em ações significa não apenas investir em uma classe de ativos extraordinariamente volátil, mas também sujeita a eventos extremos[100] e com longos períodos de baixo desempenho. É importante que o investidor saiba disso e esteja preparado. A pior coisa que pode acontecer é o investidor mudar sua estratégia de investimento justamente no pior momento. Este é um erro gravíssimo e, infelizmente, muito comum em períodos de crise, principalmente entre investidores pessoa física.

Na verdade, dizer que o mercado de ações, além de volátil, está sujeito a eventos extremos, significa dizer que são poucos os dias que fazem a diferença. Por exemplo, desde 1995, investir no índice S&P500, que é representativo do mercado de ações dos Estados Unidos, rendeu, em média, 8,11% ao ano. Porém, neste mesmo período, existiram 14 dias em que o mercado rendeu mais do que 5,5% em um único dia. Se, por acaso, o investidor *não* estivesse alocado em ações justamente nestes 14 dias, seu investimento teria rendido apenas 4,3% ao ano — o mesmo que a Libor.[101] Porém com a volatilidade de ações! Um péssimo negócio.

Note bem: em 28 anos, em uma amostra de 21.390 dias úteis, apenas 14 dias, ou 0,0655% dos dias do período, fizeram a diferença — 14 dias em 21.390! Em outras palavras, se for para investir em ações, é bom planejar estar sempre investido. São pouquíssimos os dias que fazem a diferença. E eles acontecem quando o investidor

---

[100] Sobre eventos extremos no mercado acionário, de câmbio e de juros, ver Ilha (2011).
[101] A Libor é a taxa de juros de curtíssimo prazo no mercado internacional, o equivalente ao nosso CDI.

menos espera.[102] Este resultado se aplica também ao Brasil[103] e já foi publicado em inúmeros relatórios de mercado e publicações de jornal.

Aliás, para azar do investidor afoito, é preciso notar que estes dias de grande alta ocorrem durante as crises, após movimentos ainda maiores de baixa. Ou seja, é perigosíssima a ideia de que é seguro ficar fora das ações na crise pensando que, em um mercado de baixa, não vão acontecer estes dias de alta que fazem a diferença.

Por outro lado, dizer que o mercado de ações pode ter longos períodos de baixo desempenho significa que três anos de rendimento abaixo da Libor ou do CDI é algo a ser esperado. Na verdade, pode ser bem mais do que isso.

Entre 2000 e 2012, um investidor no mercado de ações americano teria consistentemente perdido da renda fixa. Pior, neste período, o mercado de ações praticamente não saiu do lugar, gerando — para quem ficou investido todo tempo — um retorno próximo a zero. Sim, *zero*, perdendo inclusive para a inflação! Então, a partir de 2012, o mercado de ações passou a ter um desempenho extraordinário, ganhando 13,4% em 2012, 29,6% em 2013 e 11,4%

---

[102] O fato de que são poucos dias que fazem a diferença sugere que pelo menos dois tipos de estratégias de investimento em ações possuem grandes chances de não serem eficientes. São estratégias bastante curiosas, mas elas existem. A primeira é aquele investidor que segue a *beliscator strategy*, a estratégia "beliscadinha". Este é um tipo de estratégia em que o investidor fica alocado em *cash* (Libor ou CDI) e, quando vê uma oportunidade, compra uma ação e a vende rapidamente — para retornar a *cash*. Este investidor, a não ser que seja clarividente, frequentemente acaba por perder aqueles poucos dias que fazem a diferença. A segunda estratégia que pode também não funcionar está relacionada com aquele investidor que acredita que investir é "ficar olhando seu portfólio de ações". Portanto, quando, por exemplo, este investidor entra em férias, ele resgata todo o portfólio para *cash*. Este investidor também tem grandes chances de perder aqueles poucos dias que fazem a diferença e terminar com uma estratégia que tem a volatilidade de ações, mas com o retorno de *cash*. Estas estratégias, *beliscator* e "olhar o portfólio", podem parecer cômicas, mas elas são bastante comuns com investidores pessoa física que praticam o *day-trade*. Fica aqui o alerta.

[103] Ver, por exemplo, Tenani e Monforte (2008), entre vários outros trabalhos que replicam este resultado.

em 2014. Mais grave ainda é o exemplo do Japão, em que o índice Nikkei estava em 35 mil pontos em 1989 e, mais de 33 anos depois, ainda permanecia abaixo deste patamar.

Novamente, algo parecido também acontece no Brasil e longos períodos de baixo desempenho do mercado de ações são bastante comuns.

Em contraposição a estes dois alertas — que o mercado de ações está sujeito a eventos extremos e a longos períodos de baixo desempenho —, existe uma boa notícia: no longo prazo, a probabilidade de um investimento em ações pagar mais do que a renda fixa é bastante elevada.

Isto se deve ao fato de que ações pagam um prêmio sobre a renda fixa. No curto prazo, este prêmio é quase que imperceptível pois é a gigantesca volatilidade das ações que predomina. Daí que surge a história de que investir em ações, com o objetivo de comprar um apartamento no fim do ano, significa oscilar entre uma cobertura e uma quitinete.

Porém, conforme o tempo passa, o prêmio de risco tende a dominar. Segundo estudos dos economistas Eugene Fama e Kenneth French (2018) para o mercado americano, a probabilidade de o mercado de ações pagar mais do que a renda fixa em 10 anos é de 84% e, em 20 anos, de 92%. Ou seja, investir em ações fica cada vez mais distante de "sorte e azar" na medida em que os períodos de investimentos ficam cada vez mais longos. Portanto, investir em ações com o objetivo de comprar um apartamento daqui a 20 anos aumenta muito a chance de ser uma cobertura.

Obviamente, neste período de 20 anos, inúmeras crises irão ocorrer. E o mercado de ações será afetado. Porém, ano após ano, apesar de toda esta instabilidade, o prêmio de risco gradativamente faz sua mágica, aumentando a probabilidade de ações pagarem mais do que renda fixa.

Assim, para quem investe em ações, é importante manter-se sereno. Alta volatilidade, eventos extremos, longos períodos de baixo desempenho — em adição a um prêmio de risco positivo que pode prevalecer no longo prazo —, tudo isso faz parte do jogo.

B. Investir diretamente ou através de gestores?

Feitas estas ressalvas, cabe a pergunta: como investir em ações? De uma maneira geral, existem duas possibilidades: investir diretamente ou indiretamente — através de gestores.

i. Investir diretamente

A primeira possibilidade, investir diretamente, pode ser feita através da compra de ações por intermédio de uma corretora e implementando, você mesmo, as diferentes estratégias no portfólio de risco. Esta é a maneira mais barata de se investir. Porém, requer tempo, dedicação, recursos e muito estudo.

Requer também bastante cuidado, para não terminar com um portfólio mal construído ao invés de um portfólio eficiente. Pois investir diretamente em ações requer uma análise razoavelmente complexa tanto daquelas empresas específicas que irão compor o portfólio de risco quanto do portfólio de risco em si.

No que diz respeito à análise das empresas específicas, existem diferentes técnicas de precificação, que vão desde a análise de múltiplos até modelos de vários períodos que buscam prever os resultados de uma empresa muitos anos à frente.[104] Estas são técnicas bastante utilizadas no mercado financeiro e foco de vários cursos ministrados, usualmente, em escolas de negócios. Existe também uma vasta literatura de *Asset Pricing*,[105] que também é importante — mas ainda pouco utilizada no mercado financeiro. *Asset Pricing* é tipicamente, mas não exclusivamente, ensinado em escolas de economia.

Cada uma destas diferentes técnicas de precificação tem algo importante a dizer sobre o valor de uma empresa e pode ser consi-

---

[104] Como exemplos de múltiplos temos o *Price-Earnings Ratio* e o *Dividend-Yield*, entre vários outros. Como exemplo de modelos de vários períodos, vale citar o *Dividend Discount Model*. As referências aqui são os livros de Damodaran (2000) e Póvoa (2008).

[105] As referências aqui são os livros de Cochrane (2009) e Bonomo (2002).

derada tema para pelo menos um livro inteiro de finanças — senão dois ou, até mesmo, três. Porém, para quem quiser investir diretamente em ações, é algo em que vale a pena se aprofundar.

Já no que diz respeito ao portfólio de risco em si, existem também diferentes métodos de construção de portfólios; muitos deles derivados das próprias técnicas de precificação de empresas mencionadas anteriormente. Mas, aqui, o domínio é da Teoria do Portfólio Moderna[106] e suas variantes.

Assim como acontece com as técnicas de precificação de empresas, as técnicas para construir portfólios também são um tema de pelos menos um livro inteiro de finanças. E se você pretende investir diretamente em ações, também é algo que vale a pena estudar.

ii. Investir através de gestores

A segunda possibilidade é investir em ações indiretamente, comprando cotas de fundos de investimentos em ações. Aqui existem duas possibilidades: o investidor pode fazer investimentos passivos, tais como comprar fundos indexados ou ETFs, ou o investidor pode comprar fundos de gestão ativa. Ambas as opções possuem vantagens e desvantagens.

a. Investimentos passivos

Entre os investimentos passivos,[107] as ETFs, ou *Exchange-traded-funds*, são fundos de investimento indexados (ou passivos) que permitem exposição a diferentes fatores de risco de uma maneira bastante acessível. Na verdade, as ETFs se comprometem a ter ex-

---

[106] A referência aqui é o livro *Portfolio selection*, de Harry Markowitz (1967).
[107] Existe também a possibilidade de investir em fundos passivos que não são ETFs. No Brasil estes são, por exemplo, fundos de Previdência ou fundos 555 que seguem índices de ações e cobram taxas mais baixas. Mas as cotas deste fundo não são transacionadas em bolsa, como seria o caso das ETFs.

posição a um determinado índice ou fator de risco[108] e têm suas cotas negociadas no mercado aberto como se fossem elas mesmas ações ao invés de fundos. Neste sentido, o investidor pode, a qualquer momento em que o mercado estiver aberto, negociar as ETFs no nível em que o mercado estiver e não apenas no final do dia, como no caso de um fundo passivo tradicional.

Nos últimos 15 anos, as ETFs simplesmente revolucionaram a indústria global de fundos de investimentos e tornaram-se um dos instrumentos mais importantes na construção de um portfólio de risco.

O Brasil não ficou de fora deste desenvolvimento e, recentemente, foram criadas ETFs que permitem investimentos em várias classes de ativos, em particular subclasses de renda fixa — com diferentes indexadores e *Durations* —, fundos imobiliários, ouro e ações.

As ETFs de ações permitem exposição a fatores de risco locais; entre eles empresas de baixa capitalização, empresas pagadoras de dividendos e o próprio índice Ibovespa. Ainda mais recentemente, surgiram ETFs que permitem exposição a várias bolsas globais, como a bolsa americana, chinesa, inglesa, alemã e até as bolsas de países latino-americanos — como a mexicana —, além de fatores de risco globais como *small caps*, *cyclical* etc.[109]

Dentro do mercado de ações, ainda é possível acessar ETFs com posições alavancadas ou posições vendidas. Em outros mer-

---

[108] Várias ETFs investem também em temas. Esta é uma tendência recente e será mais bem analisada no capítulo 13.

[109] É importante ressaltar que ETFs estão apenas replicando um índice e, portanto, deve-se avaliar as características destes índices antes do investimento. A principal característica a ser observada é o número de ativos que compõe estes índices, pois índices muito concentrados — com menos de 200 nomes ou com grande concentração em alguns poucos ativos — possuem altos riscos. Mas qual o risco? A premissa da ETF é que o investimento seja feito sem se saber os detalhes sobre cada ativo, pois cada um deveria ter apenas uma pequena participação de maneira que o que importa é o desempenho do índice como um todo. Porém, esta lógica fica cada vez mais problemática em índices concentrados. No caso do Brasil, onde o próprio índice Bovespa já é concentrado, muitas das ETFs — como aquelas que tentam representar fatores de risco — acabam por ser ainda mais concentradas, o que pode representar um alto risco.

cados, há uma infinidade de oportunidades em renda fixa, alternativos, moedas, *real estate*. E até uma composição de várias destas classes em uma única ETF.

Mas quanto do portfólio de risco deve ser alocado em ETFs?

A resposta obviamente depende de cada investidor e do quão ele é sensível a custos, o quanto ele tem opinião sobre ações específicas e o quanto ele gosta da prática de investir e de estudar determinadas empresas. Porque, sim, isso acaba se tornando *hobby* para muitas pessoas. E, como todo *hobby*, geralmente acaba sendo custoso!

Porém, se seguirmos a tendência global, muito provavelmente, a maior parte do portfólio de risco deva ser alocada neste tipo de instrumento — ETFs ou fundos passivos.

b. Investimentos ativos

Já os fundos de *gestão ativa* são bem mais caros. Porém, para quem não tem tempo, gosto, paciência ou *expertise* em ações e definitivamente não queira contratar uma consultoria financeira, pode valer a pena delegar para os profissionais da área.

Aqui, porém, existe o risco de você terminar com um portfólio acidental ao invés de um portfólio de risco propriamente dito. Pois existem inúmeros gestores de ações — quase 1.000 apenas no Brasil. E, talvez, os gestores que chegam até você não sejam necessariamente os melhores, mas sim aqueles que pagam os maiores rebates aos distribuidores ou que tenham uma estratégia de publicidade mais agressiva.

A dificuldade, neste caso, é a existência de tantos riscos e custos ocultos, que o investidor só acaba por descobrir que escolheu um mau gestor depois de vários anos investido, quando estes riscos e custos eventualmente se materializam — seja através de um retorno mais baixo, seja através de uma volatilidade maior, ou, no caso mais grave, através de um evento extremo.

A seção seguinte trata justamente deste tema: a escolha de gestores ativos de ações. A ênfase é colocada na análise do processo de investimento e não no desempenho passado destes gestores; desempenho este que não apenas está sujeito aos humores da sorte e do azar, como também não é um bom indicador de qual será o desempenho futuro do gestor e, muitas vezes, não revela os riscos e custos escondidos.[110]

C. Como escolher gestores ativos de ações

Conforme mencionado anteriormente, investimentos em ações são um componente importante — senão o mais importante — do portfólio de risco. E eles podem ser feitos de duas maneiras: (i) diretamente, comprando ações através de uma corretora e implementando você mesmo a estratégia, ou (ii) indiretamente, através de gestores de fundos de ações.

A opção por investir indiretamente, através de gestores ativos, geralmente está relacionada à implementação de estratégias mais complexas no portfólio de risco, com um gestor concentrando em empresas de baixa capitalização, um segundo em estratégias de *Long & Short* e, talvez, um terceiro seguindo uma estratégia de fatores, entre inúmeras outras estratégias possíveis. Obviamente, outra parte do investimento pode ser feita de maneira direta, usualmente a estratégia mais simples.

Porém, existe um cuidado a ser tomado no caso de investimentos em vários gestores ativos: evitar que uma estratégia cancele a outra. Isto acontece, por exemplo, quando um gestor está comprado em Petrobras, enquanto o outro está vendido. Neste caso, o portfólio de risco pode acabar por não ter nenhuma exposição em Petrobras, apesar de arcar com o custo de duas taxas de gestão.

Dito isso, a escolha de gestores não é uma decisão simples. Existe uma dificuldade imensa em se distinguir os bons dos maus gestores, uma vez que o desempenho passado não é um bom in-

---

[110] Sobre riscos e custos ocultos, a recomendação é o livro *Armadilhas de investimento*, de Tenani, Cintra, Leme e Villares (2015).

dicador de desempenho futuro — como bem ilustrado pela alegoria do "Jogo de Macacos". Além do mais, sorte e azar permeiam o mundo dos investimentos, ofuscando, em muito, qualquer evidência de habilidade dos gestores.

Como então filtrar sinais de habilidade em um mundo tão cheio de aleatoriedade?

Uma maneira é através da análise do processo de investimento do gestor. Ou, em outras palavras, das diferentes formas como decisões de investimento são criadas, organizadas, implementadas e controladas dentro da gestora.

No entanto, analisar processos de investimento está longe de ser um assunto divertido. Investidores gostam de saber o que os gestores pensam sobre a situação política, o cenário econômico, notícias internacionais e inúmeras outras informações públicas que, muito provavelmente, já estão plenamente precificados e não têm mais efeito algum sobre o desempenho futuro. Falar de procedimentos como mandatos, definições de universo, fatores de risco, condições para entrar e sair de determinada posição e diversificação entre setores — entre inúmeros outros componentes de um processo de investimento — é um assunto enfadonho.

Pode ser enfadonho, porém é de enorme importância. Talvez seja uma das poucas maneiras de verdadeiramente distinguir o que é habilidade do que é aleatoriedade no desempenho de um gestor de ações. E o processo de investimento de um gestor de ações é justamente o tema das próximas seções.

D. O processo de investimento de ações

Mas o que, exatamente, caracteriza o processo de investimento de uma gestora?

Existem pelo menos cinco pontos que merecem ser enfatizados: a cristalização do esforço da organização, a identificação e correção de erros, a restrição dos vieses comportamentais, a qualidade do alpha e, por fim, a perenização dos negócios.

i. Cristalização do esforço da organização

Em primeiro lugar, um processo de investimento é a *cristalização do esforço de uma organização* em querer se aperfeiçoar, rastrear suas atividades, especificar as diversas maneiras como as decisões são tomadas e, no âmbito da área de pesquisa, estruturar a seleção dos ativos que compõem o portfólio. Na verdade, o processo de investimento nada mais é do que um fluxo de trabalho que permite extrair a sinergia de cada um dos seus vários componentes; agrupando lições que são aprendidas pela equipe de uma gestora ao longo de múltiplos ciclos de mercado — sejam nos períodos mais difíceis ou naqueles períodos de expansão. Além do mais, um processo de investimento deve ser tal que permita seu próprio aperfeiçoamento ao longo do tempo. Ou seja, um processo de investimento deve ser algo dinâmico, jamais estático.

ii. Identificação e correção de erros

Além do mais, o processo de investimento deve permitir a identificação e a correção de erros, promovendo a busca proativa de melhorias e uma colaboração efetiva de toda a equipe. Ele existe para garantir a consistência e a qualidade do alpha[111] — ou do excesso de retorno — e, para tanto, deve controlar o enquadramento, as diretrizes dos mandatos, a capacidade das estratégias — concentrações máximas por ativo — e o risco de franquia,[112] limitando os conflitos que possam existir entre os diferentes mandatos. Uma gestora que possua processos bem estruturados vai ter uma área

---

[111] Na linguagem acadêmica, o "alpha" é o excesso de retorno sobre o que seria esperado pelo modelo de precificação básico que é o CAPM (*Capital Asset Pricing Model*).

[112] O risco de liquidez é provavelmente o maior risco a ser controlado quando se discute o risco da franquia de uma gestora. Várias gestoras, que não controlaram o risco de liquidez, tiveram que, arbitrariamente, em períodos de grandes resgates, fechar o fundo — justamente para impedir estes resgates. Isto acabou por prejudicar a reputação da gestora bem como a dos próprios gestores, que acabaram por ter seus nomes manchados e com todo o negócio em risco.

de pesquisa competente, capaz de analisar em profundidade diferentes empresas e mercados. Será este processo que permitirá a transmissão detalhada dos resultados e conclusões para o grupo, de forma que as decisões de investimento sejam implementadas.

iii. Restrição dos vieses comportamentais

Em terceiro, um processo de investimento robusto deve *restringir* o que a literatura acadêmica denominou de *vieses comportamentais*, seja na tomada de decisão de uma gestora, seja na seleção dos ativos que compõem o portfólio. Estes vieses incluem vários atalhos utilizados no processamento de informações — as chamadas heurísticas —, além de outras influências psicológicas, emocionais e comportamentais que não necessariamente levam aos melhores resultados.

iv. Qualidade do alpha

Em quarto lugar, um processo de investimento deve garantir, ou pelo menos tentar garantir, a *repetibilidade do desempenho* ou, em outras palavras, a qualidade do "alpha". Este é um objetivo de várias décadas, que necessita de importantes alinhamentos entre a qualidade do passivo, os objetivos e as políticas de investimento e do tipo de estratégia que será utilizada para gerar excesso de retorno.

v. Perenização dos negócios

Por fim, o processo de investimento é um dos componentes mais importantes para a imagem e reputação de mercado de uma gestora. É ele que garante a *perenização dos negócios* e é ele que dilui a dependência da gestora em um profissional específico e da sua capacidade individual em "acertar o mercado" — o chamado *key man risk*. Ou seja, é o processo de investimento que permite que a qualidade da gestão permaneça, mesmo na ausência de profissionais específicos e, neste sentido, torna-se o principal instrumento para a institucionalização — ou despersonalização — do valor de uma gestora.

vi. Em resumo

Em resumo, pelas várias razões descritas anteriormente, fica claro que, ao escolher uma gestora para seus investimentos, o peso maior deve ser para a qualidade do processo de investimento, não somente no desempenho passado. Este processo deve ser analisado em detalhe, para que se compreenda muito bem como ele pode trazer consistência e qualidade nas decisões de investimento.

Obviamente, o desempenho passado e a qualidade dos profissionais são também muito importantes. Mas, como é bem explicado na literatura acadêmica, o desempenho tem um componente importante de sorte e azar e, como é comumente dito no mercado, "desempenho passado não é garantia de desempenho futuro".

Pior ainda, os dados de desempenho refletem o que os estatísticos chamam de *survival bias*, o fato de que os fundos que tiveram desempenho ruim já foram fechados e sobrevivem apenas aqueles com bons resultados.[113]

Além disso, profissionais entram e saem das gestoras de acordo com os momentos de suas vidas. O que fica é o processo. Portanto, é apenas o processo de investimento, quando bem estruturado, que garante a consistência e qualidade na tomada das decisões, e, na medida do possível, o excesso de retorno ao longo do tempo.

E. As etapas de um processo de investimento em ações

De uma maneira geral, o processo de investimento em ações pode ser dividido em quatro componentes fundamentais: (1) definição

---

[113] Inclusive, uma estratégia bastante comum em gestoras é abrir vários fundos com estratégias diversas e, depois, fechar aqueles que não tiveram bons resultados.

do universo de investimento, (2) seleção dos ativos que irão compor o portfólio, (3) construção do portfólio[114] e (4) a tomada da decisão de investimento. Cada uma destas etapas é afetada pelo mandato de investimento,[115] que pode impor restrições sobre liquidez, concentração, ativos "não investíveis", setores "não investíveis", entre inúmeras outras restrições.

i. Definição do universo de investimento

A primeira etapa do processo, a "definição do universo de investimento", pode ser considerada o pano de fundo — ou campo de jogo — em que se tomarão as decisões de investimento. Deste universo é que serão escolhidos os instrumentos a serem analisados e que eventualmente farão parte do portfólio. Obviamente, o mandato de investimentos acaba por delimitar o universo investível de maneira que, se o mandato definir o prazo de resgate como sendo D+3, empresas de baixa capitalização, que usualmente possuem baixa liquidez, estarão fora do universo investível.

ii. Seleção de ativos

A seleção de ativos, por sua vez — a segunda etapa do processo de investimento —, usa intensamente a área de pesquisa para apro-

---

[114] O mercado usualmente denomina um portfólio de ações como "carteira".
[115] Um mandato de investimentos é um conjunto de regras e restrições. Tipicamente, essas regras seriam: (i) prazos de resgate (por exemplo, três dias, 30 dias, 60 dias); (ii) limites de concentração (por exemplo, "nenhum ativo pode representar mais do que 10% do portfólio" ou "o portfólio não pode ter exposição setorial acima de 30%"); (iii) ativos ou setores não "investíveis" (por exemplo, "o portfólio não pode investir em empresas concorrentes" — caso o investidor seja um fundo de pensão de uma grande empresa. Ou "o portfólio não pode investir no setor de armamentos"); (iv) limites de volatilidade (por exemplo 5% ou 7% de volatilidade diária anualizada para o portfólio — algo bastante comum nos mandatos *Long & Short*). Existem várias outras restrições, algumas bastante curiosas, que não serão aqui mencionadas, mas que muitas vezes acabam por afetar o processo de investimento.

fundar o entendimento das diversas características de cada instrumento. O objetivo é identificar, dentro de cada instrumento, os vários fatores de risco, suas intensidades e como eles podem, em um segundo momento, eventualmente, ser combinados na construção do portfólio. Além do mais, através da pesquisa, procura-se identificar quais dos vários instrumentos — cada um deles uma combinação de fatores de risco — terá maior probabilidade de ter um desempenho superior ou inferior.

Nas linhas seguintes, trataremos em mais detalhes como a Seleção de Ativos está relacionada com a escolha de Fatores de Risco, com a Pesquisa Fundamentalista, além de alertar para o risco de vieses comportamentais.

a. Fatores de risco

O tema Fatores de Risco será analisado em mais detalhes no capítulo 13, mas podemos adiantar que, de uma maneira geral, pelo menos no mercado de ações, os fatores de risco pertencem a três grandes grupos:

(i) O primeiro grupo diz respeito à *dimensão mercado* (ou "Beta") e está relacionado com o *Capital Asset Pricing Model* (CAPM), ou o quanto determinado instrumento é afetado — ou não — por movimentos de mercado.

(ii) O segundo grupo está relacionado à *dimensão setorial* daquele instrumento — bens de consumo, energia, tecnologia da informação, materiais, entre outros setores. Ou seja, o quanto determinado instrumento é afetado simplesmente por fazer parte de certo setor econômico.

(iii) O terceiro grupo está relacionado com o que o mercado costuma denominar de *dimensão estilo* — e aqui podemos falar de Valor, Crescimento, Rendimento, Tamanho, Alavancagem, Liquidez, "Proteção Cambial", *Momentum*[116], entre vários outros estilos.

---

[116] Muitos destes fatores técnicos estão relacionados com a tendência do mercado em persistir com determinado movimento — daí o nome *Fundamental Momentum*, um fator que surge quando os analistas de mercado começam a revisar

b. Pesquisa fundamentalista

Existem também algumas qualificações sobre como fazer a seleção de ativos. Poderíamos chamá-las de pilares de uma pesquisa fundamentalista. São as seguintes:

(a) As premissas dos modelos devem ser *orientadas para o futuro*: como já dito, o passado recente não necessariamente norteia o futuro. Os modelos devem incorporar as expectativas futuras na dinâmica da lucratividade de cada companhia. As projeções não podem ser baseadas em dados ou notícias passadas pois o passado já deve estar incorporado ao preço. Uma comparação entre as projeções e as expectativas do mercado (o consenso) pode ser bem útil para testar convicções.

(b) A *disciplina de preço* ou de Valor: exercício de extrema importância pois a precificação do ativo (por exemplo, o retorno total esperado em 12 meses)[117] tem um componente fundamentalista (lucros e dividendos projetados para o período) e outro especulativo (atrelado ao horizonte de tempo, às dinâmicas macroeconômicas globais e domésticas, ou setoriais, ou *Momentum* etc.).

c. Vieses comportamentais

É muito importante também atentar para os vieses comportamentais que ocorrem no processo de seleção de ativos que, por sinal, são inúmeros. Os mais conhecidos, entre os analistas de *buy-side*,[118] seriam:

---

suas projeções de lucro para cima ou para baixo. Por sua vez, *Price Momentum* e *Volume Momentum* possuem interpretações similares, só que nas dimensões preço e volume, e são considerados catalizadores de curto prazo. Fatores de risco serão mais bem analisados no capítulo 13 a seguir.

[117] Na verdade, 12 meses é apenas um exemplo e existem outras janelas de tempo igualmente importantes para determinar o retorno total esperado.

[118] O analista de *buy-side* é aquele que olha pelo lado da compra dos ativos. É quem tem o dinheiro na mão — por exemplo, as gestoras. Já os analistas de *sell-side* são aqueles que olham pelo lado da venda dos ativos ou produtos — por exemplo, as corretoras.

(1) Tendência de *pagar demais pelo conforto*, quando uma complacência na disciplina de precificação aparece por causa de algumas características do ativo (crescimento robusto, balanço sólido, dividendos altos).
(2) Tendência de *pagar pouco pelo crescimento*. Isto acontece quando achamos que determinada empresa, que ainda não possui perspectiva de lucro no curto prazo, já está demasiadamente cara e a realidade acaba provando o contrário, com o preço da empresa continuando a aumentar.

iii. Construção do portfólio de ações

A penúltima etapa de um processo de investimento é a construção do portfólio de ações, ou, em linguagem de mercado, a construção da carteira. Aqui, existe a necessidade de serem confrontados os diferentes instrumentos. Por exemplo: uma empresa cujo preço caiu em demasia deve ser confrontada com a outra boa pagadora de dividendos. O preço da primeira teria caído o suficiente para justificar sua escolha?

Além do mais, a agregação dos diferentes fatores de risco torna-se um ponto essencial para garantir que o portfólio se comporte o mais próximo possível do previsto. Logo, é a agregação cuidadosa dos diferentes instrumentos que permite justamente uma maior exposição aos riscos desejados e, na medida do possível, a neutralização dos riscos não desejados.

O processo de construção do portfólio de ações deve buscar sistematicidade. Os preços dos ativos estão sempre mudando, assim como as características das empresas. E isto afeta as várias análises que surgem da pesquisa. Logo, revisões de lucro, eventos corporativos, mudanças de governança, novas opcionalidades — enfim, qualquer confronto entre preço e fundamentos — devem ser perfeitamente e rapidamente compreendidos.

Neste sentido, a análise do preço de um instrumento e sua comparação com os fundamentos são atividades extraordinariamente dinâmicas. E isto é ainda mais agravado pela necessidade de confronto de ideias e do entendimento dos riscos e atributos de cada instrumento. Esta dinâmica intensa deve ser, de alguma maneira, disciplinada para construção do portfólio.

iv. A decisão de investimento

Por fim, a construção de um portfólio de ações é indissociável do procedimento de tomada de decisão. Muitas gestoras de ações utilizam fóruns colegiados (o Comitê de Investimento) para a tomada de decisões de investimento, enquanto outras preferem a concentração em uma única pessoa (o *key man*). Ambos os procedimentos possuem qualidades e defeitos.

No caso de Comitês existem vieses relacionados a *group thinking*, de maneira que muito raramente decisões contrárias acabam sendo tomadas — sejam elas *contrarian shorts* ou *contrarian longs*. Já no caso de decisões baseadas em um *key man*, os inúmeros vieses comportamentais,[119] amplamente divulgados na literatura, tornam-se um problema; em particular no que diz respeito a gestores com viés de autoridade — mesmo quando participem de um Comitê de Investimento.

A tomada de decisão deve ser um procedimento colaborativo — nem colegiado, nem individualizado. Deve ser um procedimento contínuo, objetivo e com linguagem e interfaces unificadas. Esta talvez seja a única maneira de extrair o melhor de cada membro da equipe, limitando as frustrações e buscando um entendimento superior da realidade. Além do mais, com o objetivo de garantir a rastreabilidade das decisões e identificar e aprender com os erros e acertos, é importante segregar a tomada de decisão dos procedimentos relacionados com a seleção de ativos e com as atividades de pesquisa.

---

[119] Para duas boas análises dos vieses comportamentais, ver Giovannetti e Chague (2023) e também Sandoval (2016).

F. Diferenças entre processos de investimento em ações

Existem diferentes maneiras de se estruturar um processo de investimento e cada gestora tem sua preferência. Mas, de uma maneira geral, podemos dividir os processos de investimentos em duas dimensões distintas. A primeira diz respeito ao *horizonte de investimento* em que age a gestora e, portanto, em que este processo de investimento deve gerar resultados. A segunda está relacionada à *sistematicidade do processo decisório*.

i. Horizonte de investimento

A dimensão horizonte de investimento deve ser casada não apenas com a estratégia e volatilidade desejadas (e refletidas no prazo de resgate), mas também com o tipo de processo a ser implementado.

Obviamente que há uma certa separação do horizonte de investimento — por exemplo, curto, médio e longo prazos — que acontece por motivos didáticos. Porém, na realidade, existe também alguma sobreposição.

A título de ilustração, dois exemplos de processos de investimento em renda variável que se diferenciam primordialmente pelo horizonte de investimento são aqueles relacionados com gestoras que atuam em Mercados Públicos — ou ações listadas em bolsa — que tendem a ser mais focadas no curto e médio prazos; e aqueles relacionados a gestoras que atuam em Mercados Privados — ou ações não listadas em bolsa[120] — que focam no longo prazo.

a. Horizontes mais longos

Vamos começar discutindo *horizontes mais longos* (acima de cinco anos), já que prazos maiores não exigem do investidor uma grande preocupação com liquidez. Isso permite atuar em Merca-

---

[120] Por exemplo, *Private Equity* e *Venture Capital*.

dos Privados, comprando ou vendendo empresas que ainda não estão listadas. Na verdade, neste horizonte de tempo é possível agir como investidor âncora e alterar o gerenciamento das empresas, seja atuando no Conselho de Administração e/ou na nomeação de diretores.

O maior foco está em comprar barato, naqueles setores ou situações em que a gestora possui *expertise*, com o objetivo de influenciar a gestão da empresa. Definir o que é barato ou caro é usualmente feito através de análise fundamentalista, em particular o *Dividend Discount Model*. Controle de risco é uma preocupação muito menor, enquanto o controle de volatilidade é praticamente inexistente. No longo prazo, prevalece uma visão de *buy and hold*, com expectativa de crescimento do lucro e dos dividendos acumulados.

b. Horizontes mais curtos

Na outra ponta, *horizontes muito curtos* (até seis meses), os processos de investimento tendem a ser muito mais quantitativos e prezam sobremaneira pela liquidez dos ativos investidos. Normalmente são gestoras que agem no universo dos Mercados Públicos e compram e vendem empresas listadas em bolsa. O foco do processo pode ser em estratégias de alta rotatividade (*high turnover*), tais como arbitragem, *Market Momentum*, *Price Momentum*, *Volume Momentum*, *mean revertion* e *relative strength*, entre outras, até mesmo com risco de *short squeezes*.

Um exemplo deste tipo de gestora seria uma focada em um portfólio comprado & vendido neutro (*Long & Short Neutral*), investindo em um mesmo setor (por exemplo, comprando Itaú e vendendo Bradesco) e que explore quebras de correlações entre os ativos, com um horizonte de investimento curto, de apenas alguns dias.

Para que um processo de investimento baseado no curto prazo seja bem definido, ele deve garantir o monitoramento adequado de todos os sinais advindos destas estratégias, além de especificar quais os catalizadores para as decisões de compra ou venda; e a magnitude deste posicionamento. Depois viriam as implementações das ordens, que podem chegar a ser várias em um único dia. Por fim, o controle de risco — que tende a ser muito importante e usualmente se concentra na volatilidade do portfólio. A título de ilustração, um número característico da volatilidade destes portfólios "quantitativos", pelo menos no Brasil, seria algo em torno de 5% de "volatilidade diária anualizada".

c. Médio prazo

Entre o curto e o longo prazo, existem gestoras que focam no *médio prazo* — período que pode ser definido entre seis meses e três-cinco anos. Neste caso, os processos de investimento, quando comparados com os de curto prazo, tendem a ser menos quantitativos. Além do mais, enquanto liquidez é ainda uma variável importante, ela não atinge uma importância tão extrema. O processo deve monitorar sinais vindos de empresas em diferentes setores (por exemplo, Itaú e Vale), com foco em estratégias de baixa rotatividade tais como "Valor", "crescimento", *cheapest value* e *forex protection*.

Além do mais, para o médio prazo, o processo de investimento tende a ser menos quantitativo e mais baseado em análise fundamentalista; seja ela uma análise de múltiplos — mais apropriada para o curto prazo —, ou a utilização do *Dividend Discount Model* — mais apropriado para períodos mais longos. Exposição a empresas de baixa capitalização, que tendem a ser pouco líquidas — obviamente uma aposta que não pode ser desfeita no curto prazo —, são também bastante comuns.

O controle de risco ainda é importante, mas a volatilidade tende a ser consideravelmente mais alta do que aquela dos portfólios de curto prazo — no Brasil, 10% de volatilidade diária anualizada, a título de ilustração. Um exemplo de uma gestora com um processo de investimento baseado no médio prazo seria uma gestora focada em um portfólio *buy and hold* ou em um portfólio comprado & vendido com viés (*Long & Short Biased*).

Os fatores de risco, setoriais ou de estilo, são utilizados em muitos casos tanto para o *curto* quanto para o *médio prazo*. Aspectos macroeconômicos, *top-down*, podem impactar os preços dos ativos, tais como alavancagem ou baixa liquidez, em caso de um deslocamento da curva de juros; ou de proteção cambial, se o cenário macroeconômico sinalizar um enfraquecimento da moeda. Quanto mais curto prazo, maior a relevância do componente especulativo.

ii. Sistematicidade

A segunda dimensão em que podemos caracterizar os diferentes processos de investimento é a questão da sistematicidade — no processo de seleção dos ativos e no processo de tomada de decisão.

a. Sistematicidade no processo de seleção de ativos

Geralmente, estratégias que buscam retornos no curto prazo tendem a ter uma análise sistemática dos diversos componentes do retorno, pois não têm o luxo de esperar o prazo mais longo para ter um bom desempenho. Aspectos macroeconômicos, de mercado e fundamentalistas devem ser acompanhados no dia a dia para assegurar que aquela posição (casada ou não) continue a fazer sentido. A tecnologia passa a ser importante para capturar os sinais de longo, médio e curto prazos (fundamentalistas ou não), confrontá-los e ranqueá-los, sistematicamente, para testar as convicções e limitar o quanto possível os vieses humanos na pesquisa, com aquele cenário macroeconômico em mente.

b. Sistematicidade no processo de tomada de decisão

Alguns gestores buscam ter uma tomada de decisão sistemática para se afastar de vez os vieses nas tomadas de decisões. Essas estratégias tendem a gerar bons retornos em alguns ciclos e outros não. Os fatores mudam no tempo: aquilo que era crescimento (*growth*) ontem pode não ser amanhã. Aquilo que era *Value* pode se tornar uma *Value Trap*, pois as expectativas do mercado precisam se ajustar. Na verdade, as decisões de investimento são, de uma maneira geral, ou tomadas em Comitês de Investimento, ou por um único gestor.

iii. E o melhor processo de investimento em ações é...

Processos com foco no horizonte de investimento ou na sistematicidade? Qualquer que seja o estilo, qual o melhor processo?

Esta é a pergunta mais importante a ser feita e sua resposta está ao alcance. Ao descartar gestores cujo processo de investimento não é robusto, nem tem fundamentos promissores de ganho, o investidor já se coloca à frente daqueles que só consideram outros fatores menos relevantes, tais como o desempenho passado.

A má notícia é que, mesmo investindo em gestores com um processo robusto e bem definido, não há garantias de que os resultados serão bons, apesar de, pelo menos nesta situação, o investidor ter feito sua parte e aumentado suas chances de sucesso.

G. Qualidades e defeitos dos gestores de ações

Por fim, uma avaliação importante do processo de investimento de uma gestora é a qualidade do time de investimentos. O time de investimentos não é, obviamente, composto apenas do gestor. Existem inúmeras atividades de apoio, entre elas pesquisa, monitoramento, controle de risco e implementação. Mas o objetivo desta seção é avaliar o que torna um profissional um bom ou mau gestor de ações.

i. Qualidades de um gestor de ações

Comecemos pelas principais qualidades que fazem um *bom gestor* de ações.

a. Entender a qualidade do passivo e as restrições do mandato

Em primeiro lugar, este profissional precisa ter um *entendimento completo da qualidade do seu passivo e dos objetivos e restrições de seu mandato*. Isso é muito mais importante do que acompanhar o noticiário econômico, os desenvolvimentos políticos de um país, ou qualquer outra variável macroeconômica que, diga-se de passagem, na maior parte das vezes, já está embutida nos preços de mercado.

Entender a qualidade do passivo significa, entre outras coisas, saber se os investidores possuem uma visão de longo prazo — como tende a acontecer com investidores institucionais (fundos de pensão, *endowments* etc.) — ou se são mais focados no curto prazo — como tende a acontecer com investidores pessoa física —, e, neste sentido, pedirão resgate ao primeiro sinal de turbulência.

Para um gestor de renda variável, é importante não entrar em situações em que se está exposto ao risco de liquidez justamente quando se sofre resgate. Na indústria de fundos isto é pecado mortal! Neste sentido, entender a qualidade do passivo é condição determinante para garantir que o portfólio tenha ativos suficientemente líquidos para honrar com os pedidos de resgates dentro do prazo definido no mandato.

Por sua vez, um bom entendimento dos objetivos e das restrições do mandato é necessário para que o portfólio seja mantido dentro dos parâmetros pré-acordados. Vários investidores não querem exposição a determinadas empresas (fundos de pensão podem não desejar investimentos em empresas concorrentes etc.) ou determinados setores (armamentos, cigarros e bebidas etc.). Além do mais, muitas vezes os mandatos determinam exposições máximas a empresas e/ou setores, que devem ser respeitadas — limites de volatilidade ou estresse. O correto é que aquilo que está determinado em um mandato deve ser estritamente seguido por qualquer gestor, o que requer um acompanhamento contínuo e atento do portfólio. No caso específico do mercado de ações, devido à alta volatilidade dos portfólios e das ações individuais, isto é ainda mais desafiador do que para outras classes de ativos.

b. Conhecer os fatores de risco em cada ativo e no portfólio

Em segundo lugar, um bom gestor de ações deve ter *conhecimento dos diversos fatores de risco embutidos em cada ativo* e como isto afeta o portfólio de ações.[121] Diferentemente de outras classes de ativos, onde os fatores de risco são poucos e mais facilmente identificáveis[122], no mercado de ações existe uma enormidade de fatores de risco — alguns mais, alguns menos importantes —, mas todos com uma proporção relevante de publicações, acadêmicas ou de mercado, os analisando.

Além disso, cada ação específica acaba por ser uma combinação destes fatores que, por sua vez, se cancelam ou se somam na medida em que as diferentes ações são combinadas na construção do portfólio. Um gestor de ações deve conhecer em detalhes o portfólio e sua exposição líquida aos diferentes fatores de risco para evitar justamente ser pego de surpresa nas turbulências tão características desta classe de ativos.

O gestor de ações também não pode ser *one-track minded* e precisa atentar para todos os números dos diferentes ativos — na verdade empresas — que compõem o portfólio, e não apenas ao potencial de alta ou baixa. Isto é particularmente importante para calibrar as posições do portfólio e ajustá-las no dia a dia da gestão.

c. Consciência dos vieses comportamentais

Em terceiro lugar, um bom gestor de ações tem que ser *consciente dos inúmeros vieses comportamentais a que está exposto* — sejam

---

[121] Uma compilação interessante dos vários fatores de risco dentro da renda variável está no artigo "Taming the Factor Zoo", de Feng, Giglio e Xiu (2020). Fatores de risco serão mais bem analisados no capítulo 13 a seguir.

[122] Um exemplo é a renda fixa onde os fatores comumente aceitáveis são apenas três — nível, inclinação e curvatura — e perfeitamente ortogonais. Ortogonalidade entre fatores de risco é algo desejável, porém, no mercado de ações, contrariamente à renda fixa, não é uma condição *sine qua non* para que os fatores sejam denominados "fatores de risco". Vários dos fatores de risco no mercado de ações, por sinal, apresentam alguma correlação entre si.

os vieses de tomada de decisão, sejam os vieses relacionados com pesquisa. Neste sentido, é importante que ele tenha o que, no mercado, é chamado de "disciplina de preços" — metas de precificação muito bem definidas para cada um dos ativos que compõem o portfólio. Isto evita que o gestor precifique muito caro aqueles ativos que lhe dão conforto e que permitem que tenha um sono tranquilo, mas que também o tornam complacente. Exemplos destas métricas de precificação são: bons balanços, margens estáveis, preço cinco ou seis vezes o lucro, ou se o gestor está confortável ou não com determinada empresa, entre várias outras métricas.[123] Note que nem tudo é preço em um exercício de precificação.

Alguns exemplos de vieses de gestão — ou de tomadores de decisão — seriam o viés de autoridade (gestores que não gostam de ser questionados), o viés de aversão ao risco (gestores que são por demais cautelosos em se expor a volatilidade), o efeito dotação (só porque uma ação faz parte do portfólio ela vale mais) e vieses que levem à compra de um papel depois de ele estar subindo de preço (comportamento de manada).

Sobre vieses de pesquisa, o mais importante é o viés do pensamento estático, que faz com que um gestor/analista olhe o passado como maneira de prever o futuro. Isto talvez fosse apropriado se dados do passado não estivessem disponíveis a todos e, portanto, em um mercado pouco eficiente, ainda não refletidos no preço. Porém, o mercado de ações é um dos mercados mais eficientes — senão o mais eficiente de todos. E muitas informações — e com certeza as do passado — já estão precificadas. Neste sentido, para um gestor/analista, é importante que previsões sejam feitas olhando o futuro. O passado deve ser apenas uma referência, nada mais do que isso.

---

[123] Importante ressaltar que cada setor tem suas métricas específicas que nem sempre são as mesmas. Apesar de preço/lucro ser um múltiplo bastante relevante para todos os setores, ele oscila bastante de um setor para outro, e empresas de tecnologia têm valores altíssimos para este múltiplo e empresas de *commodities*, valores mais baixos. Em outros setores faz mais sentido olhar preço/patrimônio contábil, receitas, crescimento de lucro, entre vários outros múltiplos.

d. Proporcionar um ambiente participativo

Por fim, um bom gestor de renda variável deve *proporcionar um ambiente participativo* no qual toda a equipe consegue dialogar, escutar e ter um entendimento comum. Na verdade, é de extrema importância que a gestora tenha uma linguagem e um senso crítico comuns. E uma maneira de atingir este objetivo é o funcionamento a contento dos processos de análise e pesquisa.

Acontece — e isso é bem particular de um mercado tão volátil como o de ações — que os preços dos ativos sobem e descem de maneira extrema. A volatilidade é assustadora. Portanto, é importante a área de pesquisa trazer uma atualização contínua que permita que todos os membros da gestora tenham um entendimento adequado do que está acontecendo. Além do mais, os analistas precisam se contrapor uns aos outros, respeitosamente, mas com objetividade. Se alguém está insatisfeito com a precificação ou com a taxa de desconto, isto deve ser amplamente discutido, até emergir um consenso. Claro que o gestor de ações é uma peça-chave para estimular este processo. E bons gestores devem saber conduzir com habilidade a emergência deste consenso até, por fim, a tomada de decisão sistemática e objetiva.

ii. Defeitos de um gestor de ações

Definidas as qualidades de um bom gestor de ações, poderíamos caracterizar um *mau gestor* como aquele que não possui tais qualidades. Mas, de uma maneira geral, poderíamos definir seus principais defeitos como sendo: (i) não atentar para a qualidade do seu passivo, (ii) não atentar ao que pode dar errado nas teses de investimentos, (iii) não seguir um processo de pesquisa e de tomada de decisões robusto, e muitas vezes tomar decisões com base em *wishful thinking*, (iv) não atentar para os riscos decorrentes da existência de um *key man*, (v) por outro lado, também não atentar aos vieses que surgem de decisões colegiadas, em particular *group thinking*, (vi) não ter a capacidade de escutar sua equipe — também chamado de *action bias* — e, (vii) por fim, não colocar em dúvida o que já está no portfólio — o famoso *endowment effect*.

H. Conclusão

Instrumentos de renda variável são feitos sob medida para aumentar o retorno esperado de um portfólio, ao custo de um risco mais elevado. Neste sentido, em sua maior parte, são instrumentos utilizados para compor o portfólio de risco.

No entanto, investir em renda variável não é para aqueles com coração fraco e o investidor deve estar preparado para enfrentar volatilidade, eventos extremos e longos períodos de baixo desempenho. Renda variável é, antes de tudo, um investimento de longo prazo, em que períodos difíceis irão inexoravelmente acontecer.

A boa notícia é que, ao longo do tempo, a renda variável paga um prêmio sobre a renda fixa. No curto prazo, este prêmio é quase que imperceptível pois é a gigantesca volatilidade da renda variável que predomina.

Porém, na medida em que o tempo passa, o prêmio de risco tende a dominar. No caso de investimentos em ações, estudos indicam que, nos Estados Unidos, após 10 anos, a probabilidade de um portfólio de ações bem diversificado superar o rendimento da renda fixa é de 84% e, em 20 anos, de 92%.

Contrariamente ao caso da renda fixa, em que existem várias vantagens de se investir diretamente, na renda variável, em muitas circunstâncias, vale a pena terceirizar pelo menos parte do portfólio. Isto pode ser feito através da compra de fundos passivos (caso das ETFs) ou de fundos ativos, ou de uma combinação entre ambos.

Mas, na escolha de fundos ativos, como avaliar gestores num ambiente em que a aleatoriedade do preço dos ativos torna extraordinariamente difícil identificar habilidade de gestão? Nesta situação, o desempenho passado de um gestor pode não ser um bom preditor para seu desempenho futuro pois muito pode ter sido devido à sorte!

Lembremos da analogia do "Jogo de Macacos", descrita no segundo capítulo. Depois de 17 rodadas, existem apenas oito macacos jogando moeda. Oito macacos bilionários! Oito macacos que venceram todas as 17 rodadas do jogo de cara ou coroa! Oito macacos com um desempenho simplesmente invejável! Porém, oito macacos meramente sortudos.

Em outras palavras, o desempenho passado destes macacos nada tem a dizer sobre se algum deles irá ou não vencer na próxima rodada. Tudo é sorte e azar no jogo de cara ou coroa. Nada é habilidade!

No mundo dos investimentos, também é verdade que existe muita aleatoriedade, o que torna qualquer análise de desempenho muitas vezes enganosa. Entretanto, contrariamente ao "Jogo de Macacos", existe, sim, habilidade. O problema é que ela é muito difícil de ser isolada nos dados.

Neste sentido, uma maneira de identificar a habilidade dos gestores de ações é colocar muito menos peso no desempenho passado e examinar o processo de investimento. Ou seja, analisar as diferentes maneiras como decisões de investimento são criadas, organizadas, implementadas e controladas dentro da gestora.

Além do mais, é importante que o processo de investimento tenha coerência. Por exemplo: uma gestora com foco em pesquisa *bottom-up* com um horizonte de longo prazo não pode ter alta rotatividade na carteira. Já uma gestora que investe no curto prazo e busca se posicionar em fatores de risco não pode ter um portfólio concentrado. O tamanho do time e o número de ações por analista precisam ser consistentes com o processo. Ou seja, é necessário um alinhamento de toda a gestora para um determinado processo de investimento.

No entanto, analisar processos de investimento não é uma tarefa fácil. Por isso, um dos propósitos deste capítulo foi prover um guia sobre o que é importante identificar em gestores ativos de ações — talvez a mais importante classe de ativos dentro da renda variável.

13
Fatores e o portfólio de risco

Ao longo dos últimos 60 anos, os métodos de precificação de ativos financeiros passaram por transformações significativas e, desde o inovador *Capital Asset Pricing Model* (CAPM) até modelos multifatoriais, estas transformações foram impulsionadas pelo desafio de entender o risco e o retorno dos ativos, duas variáveis-chave para a construção de portfólios.

O CAPM surgiu no início dos anos 1960, graças ao trabalho pioneiro de William Sharpe (1964), John Lintner (1965), Jack Treynor (1962) e Jan Mossin (1966).[124] Foi um modelo revolucionário em sua simplicidade e ofereceu uma maneira de quantificar a relação entre o retorno esperado de um ativo e o risco sistemático, comumente denotado de "Beta".

Na verdade, o CAPM assume que todo risco pode ser entendido apenas pela relação entre o risco do ativo com o risco do portfólio, ou, em equilíbrio geral, o risco do mercado. O risco não sistemático, ou idiossincrático, pode ser totalmente eliminado através de uma diversificação apropriada do portfólio e, portanto, não deveria comandar nenhum retorno excedente.

Esta, na verdade, é uma das conclusões mais fortes do CAPM: a de que apenas o risco sistemático comanda um retorno espera-

---

[124] Os quatro autores chegaram ao CAPM de maneira independente tendo como base o trabalho de Harry Markowitz. William Sharpe recebeu o prêmio Nobel por sua contribuição ao CAPM em 1990 (juntamente com Harry Markowitz e Merton Miller), enquanto Jan Mossin e John Littner faleceram alguns anos antes da premiação. O artigo de Jack Treynor, por sua vez, embora não publicado até 1999, circulou nos meios acadêmicos na época da descoberta, de forma que Treynor é também reconhecido como um dos pais do CAPM.

do excedente. Os outros tipos de risco, os riscos idiossincráticos — que dependem das especificidades do ativo —, não comandam retorno excedente algum! Afinal, em um mercado eficiente, ninguém deveria ser compensado por diversificar inadequadamente seus investimentos.

Pois este é um importante alerta para todos aqueles que pretendem investir: diversifiquem adequadamente e construam bons portfólios, para evitar correr risco de graça!

Nas seções a seguir, analisaremos uma das principais extensões do CAPM, o modelo de fatores — um modelo essencial para a construção de portfólios eficientes, em particular o portfólio de risco.

A. O modelo de fatores

O CAPM é o modelo base de prêmio de risco e de precificação de ativos. É um modelo simples, intuitivo e obteve um sucesso surpreendente na explicação dos prêmios por risco.

No entanto, como todo o modelo, o CAPM possui algumas limitações. Em particular, (i) é um modelo de apenas um período; (ii) a definição do que é o portfólio de mercado é difícil, senão controversa; (iii) os investidores se importam apenas com o retorno e com a volatilidade do portfólio, e não com eventos extremos ou outros momentos da distribuição de probabilidade; entre várias outras simplificações.

Estas limitações do CAPM levaram ao desenvolvimento, por Stephen Ross (1976), da Teoria da Precificação por Arbitragem (abreviada APT, do seu nome em inglês *Arbitrage Pricing Theory*).

A ideia principal do APT é a existência de múltiplos fatores de risco, que não apenas o risco de mercado, como acontece no CAPM. Ou seja, para entender a relação risco retorno, seria necessário um modelo multifatorial onde o retorno do ativo é uma função de várias variáveis econômicas.

O arcabouço do APT abriu a possibilidade para outros pesquisadores e profissionais tentarem identificar novos fatores que explicariam os retornos dos ativos.

Em 1993, Eugene Fama e Kenneth French (1993) introduziram um modelo de três fatores que expandiu o CAPM com sucesso, incorporando dois fatores adicionais: Tamanho e Valor ("Size" e "Value"). Os autores argumentaram que empresas menores e empresas com altas relações preço/valor contábil oferecem retornos mais elevados, muitas vezes como um prêmio por assumir riscos adicionais.

Estas, na verdade, eram duas das mais famosas "anomalias do CAPM" — as anomalias do Valor e do Tamanho —, excessos de retorno que não conseguiam ser plenamente explicados pelo "Beta" do CAPM. As anomalias começaram a receber maior atenção na literatura acadêmica no início dos anos 1980, e a interpretação de Fama e French de que elas deveriam ser interpretadas como fatores de risco em adição ao "Beta" contribuíram para Eugene Fama receber o Prêmio Nobel de Economia em 2013.

Mark Carhart (1997) estendeu o modelo Fama-French em 1997, adicionando o fator *Momentum*, um quarto fator que considera a tendência das ações de continuar apresentando o mesmo desempenho (para cima ou para baixo) por algum tempo. É interessante notar que o fator *Momentum* pode não estar enraizado em uma compensação por risco, mas talvez em aspectos comportamentais dos investidores ou custos de transação. Mas este é ainda um ponto de discussão acadêmico e trataremos este aspecto comportamental em mais detalhes logo a seguir.

O modelo Fama-French evoluiu de modo a, em 2015, incluir um quinto fator (Fama e French, 2015) que representa a rentabilidade das empresas, refinando o poder explicativo do modelo.

Desde então, ao entrarmos na era da *big data* e do aumento significativo do poder computacional, surgiram modelos adaptativos avançados e algoritmos de aprendizado de máquina na busca por novos fatores. Esses métodos podem incorporar uma infinidade de fatores, incluindo liquidez, volatilidade e até mesmo o sentimento dos investidores, visando uma precificação de ativos ainda mais precisa.

Estamos na época de um verdadeiro "zoológico de fatores"![125] Porém, embora esses métodos possam capturar um maior número de dimensões que expliquem os retornos dos ativos financeiros, é importante observar que a adição de mais fatores pode levar a uma parametrização exagerada; situação em que o modelo explica o passado com perfeição, mas tem pouco a dizer sobre o que virá a acontecer futuramente.

B. Explicando os fatores através de nutrientes

O conceito de fatores pode ser comparado ao de nutrientes nos alimentos, como exemplificado pelo professor doutor Andrew Ang (2014), da Universidade de Columbia em Nova York.

O argumento é o seguinte: para compreender o que é necessário para uma melhor dieta, é essencial ir além dos alimentos e entender quais os nutrientes presentes em uma determinada refeição. Da mesma forma, a compreensão de um portfólio exige o entendimento de quais fatores estão presentes. Além do mais, assim como certos alimentos podem ser ricos em múltiplos nutrientes, os ativos financeiros podem também ter exposições a vários fatores.

O CAPM foi revolucionário ao mudar o paradigma de avaliar o risco isoladamente — o risco do ativo em si — para considerar como os ativos interagem com o mercado. Usando um exemplo vindo do mercado da arte, pelo CAPM, o valor de uma obra (o ativo financeiro) não dependeria de suas características individuais, mas, sim, da sua contribuição para a coleção de arte como um todo (o portfólio).

Os modelos multifatoriais que se seguiram estenderam esse conceito, oferecendo aos investidores ferramentas ainda mais específicas para gerenciar o risco e otimizar os retornos.

Logo, assim como uma dieta equilibrada requer um entendimento dos seus nutrientes, um portfólio equilibrado requer um

---

[125] Para uma descrição dos inúmeros fatores de risco que vêm sendo analisados pela literatura acadêmica, uma boa revisão é o artigo "Taming the Factor Zoo", de Feng, Giglio e Xiu (2020).

entendimento dos seus fatores. Eles são a fronteira da Teoria do Portfólio, uma adição importante ao trabalho de Markowitz, orientando os investidores na sua busca por atingir seus objetivos financeiros.

C. Seriam os fatores de risco verdadeiramente prêmios de risco?

Um prêmio de risco é, essencialmente, o retorno adicional sobre a taxa livre de risco que um investidor espera obter como compensação por assumir um tipo específico de risco.[126]

A seguir, uma lista de condições que permitiriam que um fator seja caracterizado como um prêmio de risco:

1. *Persistência*: Para que um fator seja considerado um prêmio de risco, ele deve apresentar persistência em diferentes horizontes de tempo e condições de mercado. Um fator que se manifeste apenas esporadicamente não é útil para decisões de investimento de longo prazo.
2. *Abrangência*: Um verdadeiro prêmio de risco deve ser evidente em setores, classes de ativos e geografias. Esta é uma propriedade fundamental que distingue os prêmios de risco de anomalias ou ineficiências de mercado que podem estar confinadas a nichos específicos.
3. *Robustez*: O prêmio de risco deve ser robusto o suficiente para sobreviver aos custos de transação e taxas. Ou seja, os investidores devem ser capazes de capturar o prêmio mesmo após considerar os atritos de investimento do mundo real.
4. *Investibilidade*: O prêmio de risco deve ser investível, quer dizer, deve ser possível construir-se um portfólio diversificado e economicamente viável que aproveite o prêmio de risco.

---

[126] Para uma análise do fator de risco Betting Against Beta no Brasil, ver Esposito (2017). Pacheco (2015) e Motta (2017) são duas ótimas análises dos fatores de Risco Valor, Tamanho, Rentabilidade e Investimento no Brasil.

5. *Justificativa Intuitiva ou Teórica*: Deve haver uma justificativa econômica convincente para a existência do prêmio de risco. Por exemplo, o prêmio de Valor (*Value Premium*) pode ser justificado pelos maiores riscos associados a empresas subvalorizadas, enquanto o prêmio de iliquidez pode ser justificado pela indisponibilidade dos recursos em momentos de necessidade.
6. *Dados Empíricos*: O prêmio de risco deve ser apoiado por dados empíricos que mostrem consistentemente sua capacidade de gerar retornos acima da média ao longo do tempo.

As condições anteriores são um ponto de partida para compreendermos se um fator pode ser considerado um prêmio de risco. Porém, o mais relevante é entender perfeitamente qual é o risco que está sendo compensado — fato essencial para uma melhor gestão do portfólio.

D. Fatores de risco e fatores comportamentais

De uma maneira geral, os fatores podem ser categorizados em dois grandes grupos distintos: aqueles baseados em risco e aqueles fundamentados no comportamento. Embora ambos os grupos tenham o mesmo objetivo final de explicar os retornos dos ativos, suas filosofias e características são bem diferentes.

Fatores baseados em risco tendem a ser fundamentados por teoria econômica e de finanças. O princípio por trás desses fatores é a ideia de que os investidores são recompensados por assumir riscos sistemáticos adicionais. Isto é, no universo dos mercados financeiros, um maior risco deveria equivaler a maiores retornos potenciais. Esses fatores são, na maior parte das vezes, facilmente quantificáveis bem como mensuráveis através de métricas financeiras. Daí o fator Tamanho ser habitualmente calculado com base na capitalização de mercado, enquanto o fator Valor pode ser medido usando a relação preço-valor contábil.

Uma característica distinta dos fatores baseados em risco é seu foco no longo prazo. Em geral, esses fatores exibem mais estabilidade em períodos prolongados, tornando-os ideais para estratégias de investimento de longa duração. Além disso, esses fatores são altamente sensíveis a elementos macroeconômicos e condições gerais do mercado. Taxas de juros, ciclos econômicos e indicadores de inflação e crescimento frequentemente têm um impacto direto em fatores baseados em risco — como o "Beta" de mercado e os fatores Tamanho e Valor.

No outro extremo do espectro estão os fatores baseados em comportamento, que, como o nome sugere, têm raízes no comportamento e na psicologia humana. Ao contrário de seus homólogos baseados em risco, os fatores baseados em comportamento visam explorar anomalias decorrentes de erros sistemáticos cometidos pelos participantes do mercado. Esses erros são frequentemente um subproduto de vieses psicológicos, como comportamento de manada, excesso de confiança e aversão à perda.

Fatores baseados em comportamento podem ser menos facilmente quantificados e frequentemente dependem de avaliações qualitativas ou modelos quantitativos complexos que tentam avaliar o sentimento do investidor ou o humor do mercado. Esses fatores também tendem a ser mais focados no curto prazo, exibindo maior variabilidade ao longo de períodos mais curtos. Essa característica os torna mais adequados para estratégias de investimento de curto prazo.

Um dos elementos mais intrigantes dos fatores baseados em comportamento é sua capacidade de desafiar teorias financeiras tradicionais que assumem eficiência de mercado. Enquanto fatores baseados em risco operam sob o pressuposto de que os mercados são em grande parte eficientes e que os preços refletem todas as informações disponíveis, os fatores baseados em comportamento prosperam com ineficiências de mercado. Eles trabalham com a ideia de que os mercados nem sempre são racionais e que o comportamento do investidor costuma se desviar daquilo que os modelos financeiros tradicionais preveem.

E. Prêmios de risco em investimentos tradicionais e alternativos

A discussão em torno dos prêmios de risco se expandiu além das fronteiras das classes de ativos tradicionais, como ações e títulos de renda fixa. A introdução de prêmios de risco de investimentos alternativos acendeu uma nova oportunidade para os investidores institucionais, *Hedge Funds* e investidores não profissionais.

A interação complexa entre prêmios de risco alternativos e tradicionais também aumenta o espectro de oportunidades. Aqui, exploramos o que diferencia esses dois, por que as diferenças são significativas, e como eles podem coexistir em um portfólio.

Prêmios de risco tradicionais são os blocos de construção da teoria clássica do investimento e mais estabelecidos no mundo acadêmico. Eles incluem, principalmente, o risco de mercado ("Beta"), Tamanho (prêmio de *small-cap*) e Valor, entre outros fatores como *Momentum* e Qualidade. Esses prêmios já foram extensivamente pesquisados, amplamente compreendidos e são facilmente acessíveis aos investidores médios por meio de índices de mercado e veículos de investimento convencionais, como fundos mútuos e ETFs.

Ao contrário dos prêmios de risco tradicionais, os prêmios de risco alternativos, na maior parte das vezes, não estão disponíveis nos mercados públicos ou na compra direta de ativos. Em vez disso, eles frequentemente vêm de estratégias comumente empregadas por *Hedge Funds*. Estas podem incluir *Carry, trend-following* e volatilidade, eventos, títulos conversíveis, entre outros.

Prêmios de risco alternativos são neutros em relação ao mercado e visam fornecer retornos descorrelacionados dos mercados tradicionais. Em outras palavras, eles buscam lucros em ambientes de mercado tanto em alta quanto em baixa, minimizando a exposição a qualquer mercado ou classe de ativos. Embora essas estratégias possam ser mais complexas e muitas vezes envolvam derivativos e outras formas de alavancagem, elas oferecem um alto grau de diversificação.

A inclusão desses prêmios de risco alternativos em um portfólio tradicional pode ajudar a melhorar o perfil de risco-retorno. Eles podem funcionar como um tipo de diversificação reduzindo a volatilidade e correlações do portfólio. Contudo, é crucial que os investidores entendam profundamente os riscos e complexidades envolvidos nestas estratégias, seus custos, bem como o impacto potencial sobre o perfil de risco do portfólio.

O fascínio do investimento moderno baseado em prêmios de risco reside em sua flexibilidade e adaptabilidade. Tanto os prêmios de risco tradicionais quanto os alternativos têm papéis distintos a desempenhar em um portfólio e cada um pode oferecer benefícios únicos em diferentes cenários de mercado.

Os prêmios de risco tradicionais servem como pilares fundamentais, proporcionando estrutura sólida e estabilidade a longo prazo. Eles são adequados para a maioria dos investidores, especialmente aqueles com menor tolerância ao risco ou com metas financeiras mais conservadoras.

Os prêmios de risco de investimentos alternativos, por outro lado, podem atuar como um catalisador para aprimorar o desempenho e a diversificação. Eles são especialmente úteis para investidores com maior tolerância a risco e que buscam diversificar suas fontes de retorno.

Portanto, é possível prêmios de risco tradicionais e alternativos coexistirem em um portfólio bem diversificado, cada um complementando as forças e mitigando as fraquezas do outro. Essa complementaridade pode ser a chave para que sejam atingidos novos níveis de desempenho e eficiência, tornando a construção de portfólios uma técnica ainda mais refinada e mais aderente aos objetivos dos investidores.

F. Fatores e construção de portfólios

Um dos impactos mais significativos da compreensão dos fatores é a capacidade de adaptar mais precisamente o perfil de risco e retorno de um portfólio.

Enquanto no CAPM a única variação possível era o nível de risco de mercado do portfólio (o "Beta"), a utilização de novos fatores permite outras variações, tais como ajustar o portfólio por risco de iliquidez e pelo risco de diferentes condições de mercado. Por exemplo, se um investidor está buscando retornos mais elevados e está disposto a assumir mais riscos, ele pode alocar mais recursos para fatores como Tamanho (prêmio de *small cap*) e Valor (prêmio de valor). Por outro lado, aqueles que buscam retornos mais estáveis podem se inclinar para fatores como Qualidade e Baixa Volatilidade.

Os fatores tornaram-se os "tijolos de construção" dos portfólios modernos, permitindo maior granularidade nos investimentos. Alguns exemplos:

1. *Abordagem* Core-Satellite: Os investidores podem construir um portfólio central focado na exposição ao mercado de forma mais ampla e usar estratégias baseadas em fatores, como satélites, para aumentar ou diminuir o risco.
2. *Ajuste tático de fatores*: Pequenos ajustes ou desvios em relação a certos fatores podem ajudar a alcançar objetivos de investimento específicos como no caso de investidores que gostariam de reduzir sua exposição ao mercado como um todo, para ter uma exposição maior ao fator de risco de *Momentum*.
3. *Portfólios Multifatores*: Os investidores também podem combinar múltiplos fatores em um único portfólio para maximizar a diversificação e minimizar riscos idiossincráticos.

Compreender os fatores também tem implicações significativas para a gestão do portfólio. Ao analisar a exposição do portfólio a vários fatores, os investidores podem avaliar quão suscetível encontra-se o portfólio a diferentes condições econômicas. Um portfólio com exposição ao fator crescimento pode alcançar um bom desempenho durante mercados em alta, mas ser mais suscetível a perdas durante quedas de mercado. A consciência dessas exposições aos fatores pode ajudar a entender os riscos de maneira mais eficaz.

A abordagem baseada em fatores também permite o reequilíbrio dinâmico com base nas condições de mercado ou mudanças nos objetivos do investidor. Essa adaptabilidade é crucial para manter um perfil de risco-retorno ótimo. Além disso, o investimento baseado em fatores pode ser facilmente adaptado para atender às necessidades únicas do investidor. Seja para gerar renda, preservar o capital ou buscar crescimento, os fatores oferecem a flexibilidade para construir portfólios que estão intrinsecamente alinhados com os objetivos de cada investidor. Setores e regiões, embora importantes, não podem oferecer esse nível de personalização com a mesma facilidade.

A utilização dos fatores na construção de portfólios revolucionou a forma como pensamos sobre investimentos. Ao compreendê-los, podemos ajustar os portfólios com um grau de precisão anteriormente considerado inatingível. Esse avanço permite que os investidores criem portfólios que não são apenas diversificados entre classes de ativos, mas também alocados estrategicamente em diferentes tipos de prêmios de risco.

i. Um exemplo prático: gestores Macro Global

As estratégias de investimento macro abrangem uma ampla variedade de abordagens, tornando desafiador categorizá-las de modo uniforme. No entanto, vários aspectos comuns são notadamente prevalentes em diferentes estratégias. Um desses aspectos é o debate contínuo entre os gestores de Macro Global sobre estratégias de investimento: Valor *versus* Momentum *versus* Carry (carregamento).

Na verdade, os gestores de Macro Global estão constantemente enfrentando a decisão de investir em ativos subvalorizados (Valor), em ativos que estão em tendência de alta (*Momentum*) ou em busca de investimentos que proporcionem um ganho de carregamento (*Carry*). Investir em Valor envolve comprar títulos que parecem ser negociados por um valor inferior ao seu valor intrínseco ou contábil. Já o investimento em *Momentum* envolve seguir as tendências recentes de preços de ativos, comprando aqueles que estão subindo e vendendo os que estão caindo. Diversas vezes estes dois fatores emitem sinais contrários: um ativo que tem um *Momentum* de alta pode ficar mais e mais caro, disparando um sinal de venda pelo fator Valor. Por sua vez, *Carry strategies* proporcionam um ganho simplesmente por estar investido — como no caso de um investidor que compra ativos em países que pagam uma taxa de juros mais alta, pedindo emprestado em países que pagam uma taxa de juros mais baixa.

Embora a maioria dos gestores possa oscilar entre essas estratégias, dois desafios-chave persistem: avaliar com precisão o cenário de mercado e avaliar o momento ideal de investimento — o momento certo de entrar ou sair. Muitos gestores reconhecem esses desafios e relatam casos em que estavam certos muito cedo, levando a perdas no portfólio.

Por exemplo, muitos gestores contam histórias de terem previsto a desvalorização do Peso argentino, mas, por terem se posicionado muito cedo, não conseguiram sustentar a posição até o momento em que a moeda se desvalorizou de forma significativa. Outros investidores não embarcaram na primeira onda de valorização da internet no início dos anos 2000 e se mostraram certos, mas apenas após uma valorização enorme que lhes custou o emprego. E histórias como estas não faltam!

As características de cada processo de investimento, empresa e equipe podem influenciar se um portfólio se posiciona mais na direção de estratégias de Valor, de *Momentum* ou de *Carry*. Gestoras com forte foco em pesquisa econômica fundamentalista podem ser mais inclinadas ao investimento em Valor ou *Carry*, enquanto gestoras com orientação de *trading* podem se inclinar para estratégias de *Momentum*.

Processos específicos de gerenciamento de risco, como *stop-loss* e controles de redução de risco, podem induzir um viés para as estratégias de *Momentum*. Na prática, *stop-loss* são ordens específicas para vender um determinado ativo quando seu preço cair abaixo de um certo valor, de forma a limitar as perdas. Já o controle de redução de risco envolve a diminuição gradual da exposição à medida que o portfólio perde valor, com o objetivo de evitar perdas adicionais. Esses processos obrigam os gestores a venderem posições perdedoras e manterem as vencedoras, alinhando-se com a definição de acompanhamento de tendências, ou seja, *Momentum*.

O uso de limites de risco baseados em volatilidade é outro recurso amplamente utilizado em estratégias Macro Global. Neste caso, durante períodos de aumento da volatilidade, que geralmente se correlacionam com retornos negativos, esses limites podem exigir a redução de posições. Se o limite de risco de um portfólio for definido com base na volatilidade histórica, um pico súbito de volatilidade pode desencadear uma redução no tamanho das posições para manter o portfólio dentro de seus limites de risco.

A alavancagem excessiva também pode afetar a posição de forma semelhante. Caso um gestor estiver usando dinheiro emprestado para ampliar os retornos, uma queda no valor do portfólio pode gerar uma *margin call* (chamada de margem), exigindo que o gestor poste garantia adicional ou reduza posições.[127]

Já estratégias de Valor ou de *Carry*, geralmente, requerem um horizonte de tempo mais longo. Embora a maioria dos gestores Macro Global afirme adotar uma perspectiva de longo prazo, a sensibilidade dos seus clientes ao desempenho negativo de curto prazo pode pressionar os gestores a cortarem posições perdedoras. Por exemplo, se os clientes de um fundo forem particularmente avessos a perdas de curto prazo, o gestor pode estar mais inclinado a vender rapidamente ativos que estejam caindo, para conter perdas de curto prazo, mesmo que a perspectiva de longo prazo permaneça positiva.

O histórico da equipe de investimento também desempenha um papel importante. Equipes com histórico de *trading* tendem a se concentrar no *Momentum* de curto prazo, alinhando-se com o cálculo de lucros e perdas da indústria e as estruturas de compensação. Em contraste, equipes menos transacionais que também gerenciem dinheiro para investidores institucionais, tais como

---

[127] Emprestar dinheiro não é permitido no Brasil, mas é permitido em certos fundos do exterior. No Brasil, os fundos aumentam sua exposição por meio de derivativos na B3; o que também vai exigir que o gestor coloque garantia adicional resultando no mesmo efeito.

fundos de pensão, costumam ter uma visão mais voltada para o longo prazo.

Em resumo, o investimento Macro Global é um campo complexo com várias abordagens. Os gestores devem navegar por inúmeros fatores, incluindo as características de suas gestoras, processos de gerenciamento de risco, horizontes de investimento e históricos de equipe, todos os quais podem influenciar significativamente o posicionamento e o desempenho de seus portfólios.

Uma curiosidade sobre fundos Macro no Brasil. Ao analisar o desempenho trimestral de um dos fundos multimercados Macro mais bem-sucedidos do país, a correlação entre o rendimento do fundo e o índice de *Momentum* foi de 0,45. Além do mais, à medida que o fundo aumentava sua exposição a mercados internacionais, a correlação com o índice de *Momentum* também tendia a aumentar. Isso pode sugerir que, quando o time de gestão do fundo está focado no mercado local, onde possui maior conhecimento, ele tem mais convicção em adotar uma estratégia com viés de Valor. Por outro lado, quando o fundo investe em mercados internacionais, mais distantes do contexto local, a estratégia tende a assumir um viés de *Momentum*.

G. Fatores de risco e investimentos temáticos

Uma recente inovação no mundo de investimentos foram os investimentos temáticos, principalmente aqueles empacotados através de ETFs.

Apesar de investimento temático e investimento em fatores apresentarem alternativas aos índices ponderados pelo valor de mercado tradicionais, os *benchmarks* ou índices de referência empregam metodologias distintas e atendem a diferentes filosofias de investimento.

O investimento temático envolve a construção de portfólios em torno de um tema ou tendência macro específicos. Essa tendência ou tema pode variar desde inteligência artificial, energia limpa, envelhecimento da população e até mudanças sociais, como o crescente reconhecimento de questões ambientais, sociais e de governança (ESG). No investimento temático, o objetivo é identificar e investir em empresas que se beneficiarão dessas tendências macro a longo prazo.

O investimento temático é frequentemente mais voltado para o futuro, sendo especulativo por natureza, e exige um profundo entendimento do tema escolhido. A história ou narrativa por trás do tema ganha destaque e as escolhas de investimento são guiadas por quão bem uma empresa se alinha com tal tendência. Embora tal estratégia possa oferecer retornos substanciais, os riscos costumam ser mais altos devido à natureza especulativa e concentrada dos investimentos.

Em contraste, o investimento em fatores está fundamentado em pesquisa empírica, é por definição menos especulativo e visa reduzir o risco por meio da diversificação. Portfólios são construídos identificando e combinando vários fatores que historicamente proporcionaram retornos ajustados ao risco, baseados em décadas de pesquisa acadêmica. O investimento em fatores está menos preocupado com narrativas e mais focado em métricas baseadas em dados que podem ser quantificados e analisados.

i. Os riscos dos investimentos temáticos

Dado que o investimento temático habitualmente resulta em portfólios concentrados ligados a um tema específico, os riscos associados podem ser maiores. O investimento em fatores, por outro lado, visa uma diversificação mais ampla, o que o torna mais estável e menos sujeito aos riscos inerentes aos portfólios de um único tema.

O investimento temático costuma atrair investidores que têm convicções fortes sobre certas tendências, muitas vezes impulsionados por narrativas persuasivas e que estão confortáveis em assumir riscos mais elevados. O investimento em fatores, entretanto, é mais adequado para investidores que procuram uma abordagem metódica e embasada em pesquisa para obter retornos estáveis e ajustados ao risco ao longo do tempo.

Outro risco que deve ser levado em consideração ao se investir em temas é o risco de essas estratégias resultarem na compra de ações que já estão valorizadas em excesso. O problema pode ser exacerbado quando esses portfólios temáticos são oferecidos por meio de fundos negociados em bolsa (ETFs) que, via de regra, atraem investidores de varejo em busca de fácil acesso a setores em alta valorização.

As ETFs democratizaram o investimento, proporcionando aos pequenos investidores a capacidade de investir em uma variedade de temas, desde robótica e inteligência artificial até energia sustentável. No entanto, a facilidade de acesso levou a um influxo de capital para esses temas, resultando em preços de ações em alta.

O resultado pode ser um descolamento entre os preços dos ativos e seus fundamentos, especialmente se o ETF temático ganhar atenção e popularidade significativas. Na verdade, em alguns casos, tais ETFs são concentrados em um número pequeno de empresas, com um valor de mercado pequeno se comparado ao fluxo.

O comportamento de manada pode ser um poderoso motor dos preços dos ativos financeiros, frequentemente desacoplando-os de seus valores intrínsecos. Quando um tema ou setor ganha atenção da mídia ou se beneficia de condições de mercado favoráveis, uma enxurrada de investidores pode inflacionar os preços.

Isso é particularmente evidente no investimento temático, em que tendências podem frequentemente se tornar palavras da moda, incentivando a exuberância irracional.[128] Ações em setores como energia limpa ou tecnologia de *blockchain* têm tido, às vezes, avaliações que são difíceis de justificar com base em métricas financeiras tradicionais, como lucros ou fluxos de caixa.

Estudos sobre finanças comportamentais sugerem que os investidores perseguem o desempenho passado, resultando em preços de ativos inflacionados. Ademais, pesquisas acadêmicas mostram que o influxo de capital dos investidores em ETFs temáticos pode ter um impacto imediato e positivo nos preços dos ativos subjacentes, mas que esses impactos frequentemente se revertem

---

[128] Sobre exuberância irracional, ver o trabalho de Shiller (2006).

no longo prazo (reversão à média). Isso sugere que, enquanto o investimento temático pode criar um impulso de curto prazo em ativos específicos, isso não se traduz necessariamente em desempenho superior no longo prazo e pode resultar em perdas.

H. Conclusão

Existem vários modelos de precificação de ativos. O primeiro e mais importante é o CAPM — *Capital Asset Pricing Model*. O CAPM é o que os economistas chamam de *benchmark model* ou modelo de referência. Antes de qualquer modelo de precificação ser validado, seu desempenho tem que, primeiramente, ser comparado com o CAPM.

Mas o CAPM, apesar de seu grande sucesso e aceitação, também possui suas limitações. Por isso, inúmeras extensões foram testadas e incorporadas, com o objetivo de melhorar o modelo e explicar muitas das "anomalias do CAPM" que começaram a ser identificadas a partir dos anos 1980.

Uma das mais importantes extensões do CAPM foi o modelo de fatores, que argumenta que existe mais do que apenas um fator de risco, como trazia o CAPM (cujo único fator de risco é o risco de mercado ou o "Beta" do CAPM). E esta ideia sobreviveu ao escrutínio acadêmico.

Nos dias de hoje, é amplamente aceito na academia que existam pelo menos mais dois fatores de risco em adição ao risco de mercado do CAPM — Valor e Tamanho —, e existem mais quatro fatores com aceitação acadêmica, porém não tão amplas: *Momentum*, Rentabilidade, Baixa Volatilidade e Qualidade. Existe também um zoológico de fatores sendo analisados por pesquisadores e participantes do mercado. Sim, um zoológico inteiro com centenas de fatores! Quantos destes fatores sobreviverão ao escrutínio acadêmico ainda não está claro.

Fatores de risco permitiram uma enorme sofisticação nas técnicas de construção de portfólio. Sorte dos investidores que hoje conseguem construir portfólios com objetivos cada vez mais apurados e mais bem alinhados com seu perfil de risco. Este foi o tema deste capítulo.

Além do mais, este capítulo também tratou do tema "investimentos temáticos" e sua relação com os fatores de risco. Não é claro se a decisão de investir por temas veio para ficar ou se será apenas mais uma moda que irá desaparecer. Porém, nos últimos anos, uma avalanche de ETFs de investimentos temáticos invadiu o mercado — trazendo benefícios e, também, riscos.

14
Conclusão

O objetivo deste livro foi preencher a lacuna que existe entre aqueles livros escritos por participantes do mercado financeiro — que focam na parte operacional dos investimentos — e os livros escritos por professores, que aprofundam sobremaneira os diferentes temas.

Neste sentido, este livro é um meio-termo que procura unir a prática com a teoria de investimentos, focando nos principais conceitos que são importantes de se conhecer na hora de investir.

Talvez o conceito mais importante analisado no livro seja que investir não é "achar aquele ativo bom e barato, que vai subir de preço, mas que, INACREDITAVELMENTE, ninguém ainda descobriu". Isto é uma missão quase impossível — apesar dos inúmeros vídeos e relatórios de mercado apregoando o contrário. Portanto, é importante ficar atento e manter uma dose salutar de ceticismo.

Em verdade, no sentido moderno da palavra, *INVESTIR* significa: (i) saber lidar com a aleatoriedade, (ii) possuir autoconhecimento, (iii) saber diversificar, (iv) construir bons portfólios, (v) precificar os instrumentos em termos do portfólio e (vi) alocar cada instrumento em seu devido lugar.

Investir desta maneira analítica e disciplinada parece bem menos excitante do que sair por aí caçando ativos "bons e baratos", certo?

Talvez menos excitante, porém muito mais racional.

Sendo prático e direto, é assim que se investe eficientemente — gostando ou não! E é assim que se evita terminar com um "portfólio acidental" — aquele amontoado de produtos financeiros que foram simplesmente vendidos ao investidor e colocados no portfólio, sem nenhum critério.

CONCLUSÃO

Importante destacar que o "portfólio acidental" é justamente o portfólio da maior parte dos investidores. Um portfólio que surge por "acidente" e de eficiente não tem absolutamente nada.

Estes foram os temas das Seções 1 e 3, que descrevem os conceitos e as várias etapas necessárias para se investir eficientemente; seja no Brasil — um mercado muito peculiar —, seja no mercado internacional.

A Seção 2 analisou outros cinco conceitos importantes e, por que não dizer, curiosos: algumas das verdades não ditas do mercado financeiro. Assim como acontece com outros mercados, o mercado financeiro também possui suas verdades não ditas. E aquelas abordadas neste livro são as seguintes:

(i) investir prestando atenção no noticiário é um péssimo hábito e pode até mesmo ser perigoso para o investimento. Muitos investidores têm dificuldade em aceitar esta verdade e, devido a isso, saem em busca de missões impossíveis e são mais predispostos a cair em armadilhas;

(ii) aquilo que é ruim ou bom para seu país não é necessariamente ruim ou bom para seus investimentos. É importante não misturar as coisas, sob o risco de se tomar péssimas decisões de investimento;

(iii) o que é possível controlar em um investimento não é exatamente aquilo que o investidor gostaria de controlar. Melhor aceitar a realidade do que tentar controlar o incontrolável;

(iv) volatilidade NÃO é risco, mas o mercado financeiro parece confundir os dois conceitos. Na verdade, risco é algo muito mais sério e muito mais perigoso do que volatilidade;

(v) volatilidade pode ser transformada em risco se alguns erros forem cometidos e investir com autoconhecimento é a melhor maneira de evitar estes erros.

O livro *Investimentos: o guia dos céticos* trata daquilo que é importante saber na hora de investir, mas que, curiosamente, nem sempre é abordado na literatura sobre investimentos.

Pois esta é a nossa contribuição para a literatura.

Tivemos um prazer enorme em escrever este livro.
Esperamos que a leitura tenha sido agradável e proveitosa.

Agradecimentos

Este livro foi escrito durante um período de dois anos e, pelo lado acadêmico, se beneficiou de vários dos projetos educacionais do Centro FGVInvest da Escola de Economia de São Paulo da Fundação Getulio Vargas; em particular, do Comitê de Investimento da CJE, do portfólio CJE-FF, dos Estágios de Férias e do Grupo de Estudos em Finanças e Monetária.

Neste sentido, nossos mais sinceros agradecimentos são para a Escola de Economia de São Paulo da Fundação Getulio Vargas, por não apenas abrigar estes projetos educacionais no FGVInvest, mas também por unir um corpo docente, discente, de pesquisadores e funcionários de altíssima qualidade — que permitiram uma proveitosa discussão sobre cada um dos conceitos analisados neste livro.

Em especial, gostaríamos de agradecer à Consultoria Junior de Economia da FGV, a CJE, que desde 2009 participa do Comitê de Investimento da CJE e dos Estágios de Férias, e, desde 2013, do portfólio CJE-FF. Foram várias gerações de alunos excepcionais que permitiram — dentro do contexto de uma organização estudantil muitíssimo bem administrada — a implementação e gestão de inúmeros projetos. Sem a CJE, não existiriam 14 anos de reuniões semanais do Comitê de Investimento, 28 edições do Estágio de Férias e nem a construção e gestão de 12 portfólios CJE-FF. Muito obrigado à CJE e às várias gerações de alunos com quem tivemos a oportunidade de trabalhar.

Nossos agradecimentos também aos investidores do portfólio CJE-FF e, em particular, a Caio Weil Villares, que idealizou o projeto. A possibilidade de construir, uma vez por ano, durante os

Estágios de Férias, um portfólio de investimentos e depois geri-lo semanalmente nos Comitês de Investimento da CJE, juntamente com investidores, alunos e pesquisadores do FGVInvest, gerou uma oportunidade única de adquirir e testar conhecimentos. O dia 5 de julho de 2023 marcou o 10º aniversário do portfólio CJE-FF e este livro não apenas é a celebração de uma década deste projeto educacional como também ilustra muito do que foi discutido e aprendido neste tempo.

Agradecemos, também, a todos os professores e profissionais de mercado que orientaram nossos alunos na construção dos vários portfólios CJE-FF; em particular aos professores Rodrigo De-Losso, Antônio Sanvicente e Noriko Yokota.

Todos os coautores deste livro, de uma maneira ou de outra, estiveram envolvidos com o Estágio de Férias. Paulo Tenani coordenou o Estágio entre 2009 e 2019, Denise Menconi assumiu em 2019, Mohamed Mourabet orienta os estagiários na precificação de ativos pelo lado do *equity* desde 2021 e tanto Marcel Borelli quanto Gustavo Jesus contrataram nossos alunos para os mais diferentes projetos.

O Estágio de Férias foi um importante fórum para discussão de muitos dos conceitos abordados no livro. Nossos agradecimentos às várias empresas parceiras e aos alunos e pesquisadores do FGVInvest que participaram do Programa. Entre as empresas parceiras, não poderíamos deixar de mencionar a AQUA Wealth Management, a B3 e a Pragma Patrimônio, que acolheram o Estágio de Férias durante várias edições.

Nossos agradecimentos aos vários pesquisadores do Grupo de Finanças e Monetária do FGVInvest, particularmente Martin Rahal que coordena o grupo desde 2019. Este é um grupo que se reúne semanalmente desde 2010 com o objetivo de cobrir a literatura e, na medida do possível, contribuir com o conhecimento. Deste grupo surgiram várias teses, TCCs e *Short Studies* sobre temas tão distintos quanto diversificação, anomalias, métodos de precificação, fatores de risco, prêmios de risco e investimentos alternativos. Todos são temas discutidos no livro e as várias contribuições foram devidamente citadas. Este já é o segundo livro na área de finanças que se beneficia das discussões semanais e do conhecimento acumulado pelo grupo de Finanças e Monetária do FGVInvest.

Pelo lado da prática de investimentos, este livro se beneficiou da longa experiência dos autores nas mais diversas áreas do setor financeiro; em particular, nas áreas envolvidas na gestão do capital próprio dos bancos, na gestão de recursos de clientes institucionais e na gestão de recursos de pessoas físicas de alta renda. Cada uma destas áreas tem características diversas, seja em termos de sua organização, da sua dinâmica ou dos horizontes e estratégias de investimento.

Além do mais, a experiência dos autores foi acumulada em diferentes países e em instituições financeiras de perfis dos mais diversos — americano, brasileiro, britânico, francês, suíço, uruguaio. Cada país e cada perfil de organização possuem características específicas, seja em termos do detalhamento dos processos, da rigidez dos controles e, em especial, de seus clientes. Trabalhar em países e instituições de perfis tão diferentes foi uma oportunidade única de aprender sobre a prática de investimentos. Nossos agradecimentos a estas organizações e aos países que nos acolheram e, em especial, aos nossos colegas e aos nossos clientes, com quem aprendemos e continuamos a aprender juntos.

Leram e comentaram versões preliminares deste livro: Arthur Kernkraut, Bernadete Franco, Bruno Pomeranz, Caio Weil Villares, Clovis Ikeda, Daniel Vescovi, Débora Tenani, Gustavo Godoy, Ibsen Tenani, Ivan Bulhões, José Pedro Monforte, Mariana Guarini, Roberto Barbosa Cintra, Rosana Boaventura e Thierry Chemalle. Em particular, Ivan Bulhões editou e corrigiu todos os capítulos com enorme atenção e paciência, e a contribuição de Bernadete Franco, com sua experiência nos mercados brasileiro, americano e suíço, foi instrumental para a discussão desenvolvida no capítulo 3: "O mercado financeiro no Brasil e suas peculiaridades".

Nossa esperança é que os vários conceitos que surgem da união da teoria com a prática de investimentos, e que tentamos transmitir ao longo deste livro, permitam investimentos mais eficientes e que minimizem muitas daquelas perdas sofridas ao se investir desavisadamente.

* * *

Paulo Tenani gostaria de agradecer sua esposa Beth e seus pais Egle e Ibsen pelo entusiasmo com que apoiaram mais este projeto. Assim como nas outras ocasiões, Beth leu e comentou todos os capítulos. Suas filhas Thais, Débora e Ligia também participaram ativamente e tornaram o trabalho de escrever o livro muito mais divertido.

Denise Menconi dedica este trabalho ao seu marido Guilherme e às suas meninas Isabela, Mariana e Catarina. E gostaria de agradecer a seus colegas coautores, pelo tanto que aprendeu na construção do livro.

Mohamed Mourabet gostaria de agradecer a todos os colegas, supervisores, clientes e amigos — inclusive o professor Paulo Tenani — que ao longo dos anos contribuíram para aperfeiçoar os processos de pesquisa e de tomada de decisão e lapidar sua formação como gestor e analista de ações.

Marcel Borelli gostaria de agradecer à sua família, que nunca deixou de encorajá-lo. À sua esposa e companheira de aventuras, Anne Elizabeth, pelo apoio incondicional em cada projeto que ele empreendeu. À sua filha Chloé Pia, por sempre estar disposta a explorar novas ideias. E aos seus filhos, Massimo e Dante, que com sua alegria tornam a vida repleta de diversão e boas surpresas.

Gustavo Jesus agradece a Paulo Tenani pela oportunidade de participar deste livro e por tudo que ensinou nos seis anos de intensa convivência profissional. Gustavo agradece também aos pais, pelo suporte de sempre e por tudo que lhe deram, e ao restante da família, em especial à esposa Elisa, parceira de todos os momentos, e aos filhos Gabriel, Mateus e Martina.

Sobre os autores

Paulo Tenani
É PhD pela Columbia University em Nova York e *master of sciences* pela University of Illinois. Foi chefe de pesquisa para a América Latina do UBS Wealth Management, estrategista da Salomon Smith Barney Citigroup Asset Management e economista para mercados emergentes do Swiss Bank Corporation em Nova York. É professor da Escola de Economia de São Paulo da Fundação Getulio Vargas (FGV EESP) e autor dos livros *Human capital and growth* e *Armadilhas de investimento*.

Denise Menconi
É mestre em economia pela Escola de Economia de São Paulo da Fundação Getulio Vargas (FGV EESP), com graduação e pós-graduação em administração de empresas pela Escola de Administração de Empresas de São Paulo (FGV EAESP). Denise tem experiência executiva de mais de duas décadas com o mercado de luxo e investidores de alta renda, tanto em empresas nacionais como multinacionais. É pesquisadora do FGVInvest e ministra cursos na pós-graduação e graduação da FGV EESP.

Mohamed Mourabet
Mohamed Mourabet é mestre em ciências da administração (MSG) e diplomado em estudos avançados (DESS) pela Université Paris IX Dauphine. É associado ao Investment Management Research Organisation (IMRO). Dirigiu a área de renda variável do Salomon Smith Barney Citigroup Asset Management, em São Paulo. Foi analista e gestor no Emerging Market Portfolio Group

do Flemings, em Londres, e começou sua carreira em auditoria na Ernst & Young, em Paris. Em 2004, fundou a Victoire, atualmente Hogan Investimentos, em que dirige a área de pesquisa e de investimentos. Serviu o exército francês entre 1990/91, na Guerra do Iraque, e foi condecorado pela Defesa Nacional.

Marcel Borelli
Possui um MBA pela Columbia University, é mestre em matemática e finanças pela Universidade de São Paulo (USP), com graduação em engenharia pela Escola Politécnica (USP). Foi diretor de Pesquisa e Soluções de Investimento do J.P. Morgan Private Bank, em Londres, liderando a construção de portfólios e seleção de gestores. Atualmente, é sócio e CIO da Farview Investimentos onde concentra-se na gestão de investimentos globais em Londres.

Gustavo Jesus
É mestre em economia pela Escola de Economia de São Paulo da Fundação Getulio Vargas (FGV EESP), com graduação em engenharia mecatrônica pela Escola Politécnica da Universidade de São Paulo (USP). Atua no mercado financeiro há 26 anos com passagens por instituições nacionais e estrangeiras de primeira linha, entre elas o J.P. Morgan Bank, onde esteve por 15 anos em diversas áreas, inclusive na Tesouraria, como *trader* de renda fixa. A maior parte da sua carreira, no entanto, é na área de *private bank*, onde há 10 anos atua como gestor responsável pela gestão de carteiras de clientes alta renda (*private bank/wealth management*).

Referências

ABDALLA, Leon. *Análise da volatilidade e prêmio por risco de fundos de investimentos alternativos*. Dissertação (mestrado) — Escola de Economia de São Paulo, Fundação Getulio Vargas, São Paulo, 2023.
AKERLOF, George A. The market for "lemons": quality uncertainty and the market mechanism. *The Quartely Journal of Economics*, v. 84, n. 3, p. 488-500, ago. 1970.
AMARAL, Roberto. *Habilidade e sorte na gestão de fundos de ações no Brasil*. Trabalho de conclusão de curso — Escola de Economia de São Paulo, Fundação Getulio Vargas, São Paulo, 2015.
ANBIMA. *Consolidado diário de fundos de investimento*. São Paulo: Anbima, 14 ago. 2023.
____. *Raio-X do investidor*. 5. ed. São Paulo: Anbima, 2022.
ANG, Andrew. *Asset management*: a systematic approach to factor investing. Oxonia: Oxford University Press, 2014.
AQUA Wealth Management. *O mercado financeiro no Brasil e suas particularidades*. Relatório para clientes. São Paulo: AQUA Wealth Management, fev. 2018.
BANCO CENTRAL DO BRASIL. *Relatório de estabilidade financeira*. Brasília: Banco Central do Brasil, 2021.
BANDEIRA, Miguel. *Teste da validade empírica da hipótese das expectativas da estrutura a termo da taxa de juros*. Trabalho de conclusão de curso — Escola de Economia de São Paulo, Fundação Getulio Vargas, São Paulo, 2012.
BARBER, Brad M.; ODEAN, Terrance. Boys will be boys: gender, overconfidence, and common stock investment. *The Quarterly Journal of Economics*, v. 116, n. 1, p. 261-292, 2001.
BERNSTEIN, Peter L. *Capital ideas*: the improbable origins of modern Wall Street. Nova York: Simon & Schuster, 1993.
BONOMO, Marco. *Finanças aplicadas ao Brasil*. Rio de Janeiro: Editora FGV, 2002.

BRESSER-PEREIRA, Luiz Carlos. *Em busca do desenvolvimento perdido*: um projeto novo-desenvolvimentista para o Brasil. Rio de Janeiro: Editora FGV, 2018.

BUFFETT, Warren E. The superinvestors of Graham-and-Doddsville. *The Columbia Business School Magazine*, p. 4-15, outono 1984.

CADIDÉ, André. *Investimentos em ações*: comentários críticos à teoria e a escola de investimentos de Graham e Doddsville. Dissertação (mestrado) — Escola de Economia de São Paulo, Fundação Getulio Vargas, São Paulo, 2019.

CARHART, Mark M. On persistence in mutual fund performance. *The Journal of Finance*, v. 52, n. 1, p. 57-82, 1997.

CASTILHO, Edner. *Aspectos a serem considerados na alocação de ativos para investidores de longo prazo*. Dissertação (mestrado) — Escola de Economia de São Paulo, Fundação Getulio Vargas, São Paulo, 2005.

CÉSAR FILHO, Gilberto. *Hedged interest rate parity*: ensaio sobre o Prêmio pelo Risco Cambial. Dissertação (mestrado) — Escola de Economia de São Paulo, Fundação Getulio Vargas, São Paulo, 2008.

CHEMALLE, Thierry Dayr Leandro. *Ensaios sobre eficiência informacional*: o bitcoin e o mercado da arte. Dissertação (mestrado) — Escola de Economia de São Paulo, Fundação Getulio Vargas, São Paulo, 2019.

CINTRA, Roberto. *Apreçamento de renda variável usando abordagem não determinística*. FGVInvest Short Studies Series 08. 2017a.

____. *Suboptimal risk placement based on inverse volatility weighting*. FGVInvest. Short Studies Series 12. 2017b.

COCHRANE, John. *Asset pricing*: revised edition. Princeton: Princeton University Press, 2009.

COSTA, Alexis Petri. *Walking down the exchange rates predictability lane*. FGVInvest Short Studies Series 18. 2018.

COSTA, Lucas. *Modelos Garch e taxas de câmbio*: uma análise estrutural da volatilidade. Trabalho de conclusão de curso — Escola de Economia de São Paulo, Fundação Getulio Vargas, São Paulo, 2023.

DAMODARAN, Aswath; DA CUNHA SERRA, Afonso Celso. *Valuation*: como avaliar empresas e escolher as melhores ações. Grupo Gen--LTC. 2000.

DANA, Samy. *Invest News*. Disponível em: https://investnews.com.br/. Acesso em: 4 dez. 2023.

____; LONGUINI, Miguel. *Em busca do tesouro direto*. São José dos Campos: Editora Benvirá, 2015.

____; SANDLER, Carolina. *Finanças femininas*. São José dos Campos: Editora Benvirá, 2015.

REFERÊNCIAS

DE-LOSSO, Rodrigo et al. *Saving Markowitz*: a risk parity approach based on the cauchy interlacing theorem. Disponível em SSRN 3654300. 2020.

ESPOSITO, Vinicius. *Betting against Beta in Brazil*. FGVInvest Short Studies Series 11. 2017.

____. Does naïve not mean optimal? The case for the 1/N Strategy in Brazilian equities. FGVInvest Short Studies Series 05. 2016a.

____. *Um estudo sobre a aplicação dos modelos CAPM e Fama-French no mercado acionário brasileiro*. Trabalho de conclusão de curso — Escola de Economia de São Paulo, Fundação Getulio Vargas, São Paulo, 2016b.

EYLL, Thierry. *O prêmio pelo risco cambial*: uma análise das principais moedas globais. Dissertação (mestrado) — Escola de Economia de São Paulo, Fundação Getulio Vargas, São Paulo, 2008.

FABOZZI, Frank; FABOZZI, Francesco J. *Fixed income mathematics*. Nova York: MvGraw Hill Companies. 2022.

FAMA, Eugene F. Efficient capital markets: a review of theory and empirical work. *The Journal of Finance*, v. 25, n. 2, p. 383-417, 1970.

____; FRENCH, Kenneth R. A five-factor asset pricing model. *Journal of Financial Economics*, v. 116, n. 1, p. 1-22, 2015.

____; ____. Common risk factors in the returns on stocks and bonds. *Journal of Financial Economics*, v. 33, n. 1, p. 3-56, 1993.

____; ____. Luck versus skill in the cross-section of mutual fund returns. *The Journal of Finance*, v. 65, n. 5, p. 1.915-1.947, 2010.

____; ____. Volatility lessons. *Financial Analysts Journal*, v. 74, n. 3, p. 42-53, 2018.

FENG, Guanhao; GIGLIO, Stefano; XIU, Dacheng. Taming the factor zoo: a test of new factors. *The Journal of Finance*, v. 75, n. 3, p. 1327-1370, 2020.

FONTES, Marilia. *A renda fixa não é fixa*. São Paulo: Nord Research, 2022.

FRANCO FILHO, Joaquim Severiano. *O modelo de 5 fatores de Fama French*: uma análise descritiva. Trabalho de conclusão de curso — Escola de Economia de São Paulo, Fundação Getulio Vargas, São Paulo, 2017.

FRAZZINI, Andrea; KABILLER, David; PEDERSEN, Lasse. *Buffett's Alpha*. Working Paper 1.968. National Bureau of Economic Research. 2013.

GAVEKAL RESEARCH. *Brazil burning house*. Relatório. Hong Kong: Gavekal Research, maio 2020.

GIOVANNETTI, Bruno; CHAGUE, Fernando. *Trader ou investidor*: aprenda a investir na bolsa sem cair nas armadilhas dos vieses comportamentais. Rio de Janeiro: Editora Intrínseca Ltda., 2023.

GODOY, Gustavo. *Viés no mercado de câmbio*: será o fim do forward premium puzzle? Dissertação (mestrado) — Escola de Economia de São Paulo, Fundação Getulio Vargas, São Paulo, 2021.

GRAHAM, Benjamin; DODD, David. *Security analysis*: principles and technique. Nova York: McGraw-Hill, 1962.

GROTHGE, André. *Prêmios por risco de inflação*: uma abordagem comparativa entre estruturas a termo das taxas de juros e expectativas racionais. Dissertação (mestrado) — Escola de Economia de São Paulo, Fundação Getulio Vargas, São Paulo, 2020.

GUIMARÃES, Bernardo. *A riqueza da nação no século XXI*. São Paulo: Editora Bei, 2015.

GUIMARÃES, Paulo. *Volatilidade das criptomoedas em contexto*: aplicações de modelos da classe ARCH e comparações com outras classes de ativos. Dissertação (mestrado) — Escola de Economia de São Paulo, Fundação Getulio Vargas, São Paulo, 2023.

GUTERMAN, Marcelo. *Descomplicando o economês*. São Paulo: Uiclap, 2022.

____. *Finanças do Lar*. São Paulo: Editora Labrador, 2021.

HOLLAND, Marcio. *Taxa de câmbio no Brasil*. Rio de Janeiro: Editora Elsevier, 2011.

ILHA, Hudson Fiorot. *Eventos raros e volatilidade de ações, taxa de câmbio e taxa de juros*. Dissertação (mestrado) — Escola de Economia de São Paulo, Fundação Getulio Vargas, São Paulo, 2011.

IVESSON, Renato. *Prêmio pelo risco cambial*: um teste comparativo com moedas da América Latina. Dissertação (mestrado) — Escola de Economia de São Paulo, Fundação Getulio Vargas, São Paulo, 2009.

JESUS, Gustavo. *Mercado brasileiro*: aplicação de análise de componentes principais no cálculo de VAR para carteiras de renda fixa. Dissertação (mestrado) — Escola de Economia de São Paulo, Fundação Getulio Vargas, São Paulo, 2005.

KANAI, Daniel Kendi. Uma análise de performance de gestão ativa em fundos de ações. Dissertação (mestrado) — Instituto de Ensino e Pesquisa, São Paulo, 2013.

KERNKRAUT, Arhur. *Ensaios sobre os prêmios de risco em títulos indexados à inflação*. Trabalho de conclusão de curso — Escola de Economia de São Paulo, Fundação Getulio Vargas, São Paulo, 2018.

KIMURA, Herbert; SUEN, Alberto Sanynan; PERERA, Luiz Carlos Jacob; BASSO, Leonardo Fernando Cruz. *Value at risk*: como entender e calcular risco pelo VAR. São Paulo: Editora Inside Books, 2008.

KOOPMANS, Tjalling C. Concepts of optimality and their uses. *The American Economic Review*, v. 67, n. 3, p. 261-274, 1977.

LEITÃO, Miriam. *Saga brasileira*: a longa luta de um povo por sua moeda. Rio de Janeiro: Editora Record, 2019.
LEWIS, Michael. *Liar's poker*. Nova York: Norton, 1989.
LINTNER, John. The valuation of risk assets and the selection of risky investments in stock portfolios and capital budgets. *Review of Economics and Statistics*, v. 47, p. 13-37, 1965.
MACHADO, Maria Clara. *A real história do Plano Real*: uma moeda cunhada no consenso. São Paulo: e-galáxia, 2005.
MARKOWITZ, Harry M. *Nobel Prize Lecture:* foundations of portfolio theory. Nobel Prize. Estocolmo, 1990.
____. *Portfolio selection*: efficient diversification of investments. Nova Jersey: J. Wiley, 1967.
MATHEUS, Giuliana. *Essays on secular stagnation*: the debate, Taylor rules and risk premia. Dissertação (mestrado) — Escola de Economia de São Paulo, Fundação Getulio Vargas, São Paulo, 2021a.
____. *What the fama?* FGVInvest Short Studies Series 29. 2021b.
MELLO, Eduardo. *In search of exchange rate predictability*: a study about accuracy, consistency and Granger causality of forecasts generated by a Taylor rule model. São Paulo: FGV EESP, 2015.
MENCONI, Denise. *Essays on art economics*. Dissertação (mestrado) — Escola de Economia de São Paulo, Fundação Getulio Vargas, São Paulo, 2021.
MIRANDA, Felipe. *Uma investigação do prêmio de risco cambial brasileiro no período de livre flutuação*. Dissertação (mestrado) — Escola de Economia de São Paulo, Fundação Getulio Vargas, São Paulo, 2011.
MIRANDA, Felipe; MIOTO, Ricardo. *Princípios do estrategista*: o bom investidor e o caminho para a Riqueza. Rio de Janeiro: Editora Intrínseca, 2020.
MLODINOW, Leonard. *O andar do bêbado*: como o acaso determina nossas vidas. São Paulo: Companhia das Letras, 2009.
MORI, Rogerio: *Economia na real*: guia prático para interpretar a economia. Rio de Janeiro: Editora Alta Books, 2021.
MOSSIN, Jan. Equilibrium in a capital asset market. *Econometrica*, v. 34, n. 4, p. 768-783, 1966.
NAKANO, Yoshiaki. *O Brasil sob reforma*. Rio de Janeiro: Editora FGV, 2020.
NASSIF, Luiz. *Os cabeças de planilha*: como o pensamento econômico da era FHC repetiu os equívocos de Rui Barbosa. São Paulo: Editora Ediouro, 2007.
NAVAS, Rafael. A eficiência da previsão da estrutura a termo da taxa de juros através de um modelo de três fatores. Trabalho de conclu-

são de curso — Escola de Economia de São Paulo, Fundação Getulio Vargas, São Paulo, 2012.

NEHMI, Ulisses. *Características da estrutura a termo das taxas de juros em economia desenvolvidas e emergentes*. Dissertação (mestrado) — Escola de Economia de São Paulo, Fundação Getulio Vargas, São Paulo, 2017.

NEVES, Pedro. *Demanda por proteção intertemporal e alocação estratégica dos ativos no Brasil e EUA*. Dissertação (mestrado) — Escola de Economia de São Paulo, Fundação Getulio Vargas, São Paulo, 2012.

PACHECO, André Sanchez. *O Modelo de Cinco Fatores de Fama e French no Brasil*. Faculdade de Economia, Administração e Contabilidade, Universidade de São Paulo, São Paulo, 2015.

PADILHA, Priscila. *Qual o viés*: uma análise da tendenciosidade da taxa futura de câmbio para cinco países. Trabalho de conclusão de curso — Escola de Economia de São Paulo, Fundação Getulio Vargas, São Paulo, 2010.

PASSERI, Helena. *Diversificação e risco idiossincrático em portfólios de ações*: uma análise de 14 mercados, Trabalho de conclusão de curso — Escola de Economia de São Paulo, Fundação Getulio Vargas, São Paulo, 2014.

PERERA, Luiz Carlos Jacob. *Crédito*: história, fundamentos e modelos de análise. São Paulo: Mackenzie; Saint Paul, 2013.

PÓVOA, Alexandre. *Valuation*: como precificar ações. 2. ed. São Paulo: Editora Globo, 2008.

REZENDE, André Lara. *Consenso e contrassenso*. Londres: Editora Portfólio Penguin. 2020.

____. *Juros, moeda e ortodoxia*. Londres: Editora Portfólio Penguin. 2017.

ROCHMAN, Ricardo R. Incrédulo Financeiro. Disponível em: www.youtube.com/c/incredulofinanceiroricardorochman. Acesso em: 4 dez. 2023.

ROSITO, Guilherme. *Avaliando a existência de habilidade em fundos de investimento e a percepção de investidores*. Trabalho de conclusão de curso — Escola de Economia de São Paulo, Fundação Getulio Vargas, São Paulo, 2020.

ROSS, Stephen. The arbitrage theory of capital asset pricing. *Journal of Economic Theory*, v. 13, n. 3, p. 341-360, 1976.

ROSSETI, Glenda. *Análise do risco sistemático e idiossincrático em portfólios de ações nos mercados desenvolvidos e emergentes*. Dissertação (mestrado) — Escola de Economia de São Paulo, Fundação Getulio Vargas, São Paulo, 2016.

REFERÊNCIAS

SAMPAIO, Hermes. *Racionalidade e prêmio pelo risco no mercado Futuro ao longo do tempo*. Trabalho de conclusão de curso — Escola de Economia de São Paulo, Fundação Getulio Vargas, São Paulo, 2016.

SANDOVAL, Daniel. *Um estudo sobre julgamentos e escolhas*: vieses e heurísticas no processo de decisão dos regimes próprios de previdência social. Dissertação (mestrado) — Escola de Economia de São Paulo, Fundação Getulio Vargas, São Paulo, 2016.

SANTOS, José Carlos de Souza; RANGEL, Armênio de Souza. *Precificação e risco nos mercados de renda-fixa*. Curitiba: Editora CRF, 2020.

SANVICENTE, Antonio Zoratto; CARVALHO, Mauricio Rocha de. Determinants of the implied equity risk premium in Brazil. *Working paper 430*, São Paulo School of Economics, FGV, 2016.

SECURATO, José Roberto. *Crédito*: análise e avaliação do risco-pessoas físicas e jurídicas. São Paulo: Editora Saint Paul, 2002.

SHARPE, William. Capital asset prices – a theory of market equilibrium under conditions of risk. *Journal of Finance*, v. XIX, n. 3, p. 425-442, 1964.

____. The parable of the money managers. *Financial Analysts Journal*, v. 32, n. 4, p. 4, 1976.

SHILLER, Robert. *Irrational exuberance*. Nova York: Crown Business, 2006.

SHREVE, Steven. *Stochastic calculus for finance*. Nova York: Springer. 2004.

TALEB, Nassim Nicholas. *Iludidos pelo acaso*: a influência da sorte nos mercados e na vida. São Paulo: Objetiva, 2019.

TENANI, Débora. *Do men and women invest differently*: a behavior finance approach to gender differences. Trabalho de conclusão de curso — Escola de Economia de São Paulo, Fundação Getulio Vargas, São Paulo, 2019.

TENANI, Paulo S.; CINTRA, Roberto; LEME, Ernesto Leme; VILLARES, Caio Weil. *Armadilhas de investimento*. São Paulo: M. Books, 2015.

____; MONFORTE, J. P. Bovespa: são poucos os dias que fazem a diferença. *Valor Econômico*, p. D2, p. 2, 19 fev. 2008.

TREYNOR, Jack. *Toward a theory of market value of risky assets*. Manuscrito. 1962.

VARANDA NETO, José Monteiro; DE SOUZA SANTOS, José Carlos; MELLO, Eduardo Morato. *O mercado de renda fixa no Brasil*: conceitos, precificação e risco. São Paulo: Saint Paul, 2019.

VIEIRA, Gabriel. *Os prêmios de risco nos investimentos em private equity e venture capital*. Trabalho de conclusão de curso — Escola de Economia de São Paulo, Fundação Getulio Vargas, São Paulo, 2018.

Índice

A
Abdalla, Leon 125
agentes autônomos 47
A Grande Recessão 108
alavancagem 35, 172, 187, 192
aleatoriedade 9, 17, 21, 25, 37-38, 160, 178-179
Alemanha 40
alienação fiduciária 109
alocação 12, 33, 39, 44-46, 51, 60-61, 63, 66, 69, 85, 93-94, 97-99, 110, 133
alocação de mínimo risco 97-98
alpha 35, 46, 161-162
Alternativos 106, 123-126
Amaral, Roberto 37
América Latina 43, 49, 51, 57
análise custo-benefício 91
analista 38, 41, 63, 166, 176, 179, 204
Anbima 39, 44, 106, 120-121, 132-133
Ang, Andrew 183
anomalias 182, 184, 186, 196, 202
Apple 27, 151
aproximação de primeira ordem 139
APT 181
AQUA Wealth Management 39, 202
Arbitrage Pricing Theory 181
Argentina 72, 107, 191
Armadilhas de investimento 14, 19, 69, 159
Armadilhas de Investimento 10
Ásia 108
asset liability management 93-98, 104, 134
Asset Pricing 87, 155, 161, 165, 180, 196
assimetria informacional 15-16
autoconhecimento 13, 18, 136, 198
aversão ao risco 102, 176
azar 17, 21, 23, 25, 27, 31-32, 34, 36-38, 83, 119, 153-154, 159, 160, 163, 179

B
B3 12, 43, 202
banco 46, 111, 145-146
Banco Central 46, 48-49, 77-78, 112, 140
Banco do Brasil 46
banco privado 46
banco público 42, 46
Barber, Brad 105
Basso, Leonardo 66
beliscator strategy 153
benchmark 32, 193, 196
benefício 14-15, 28, 30, 63, 82, 91-92, 126, 145
Berkshire Hathway 34
Bernstein, Peter 87
Beta 165, 180, 182, 184, 186-187, 189, 196
Black and Scholes 87
BNDES 46

boatos 56-57
bolsa de valores 16, 26, 34, 41, 43, 64, 111, 122, 126, 135, 157, 169-170, 195
bolsa de valores do Rio de Janeiro 16
bond vigilantes 59
Bonomo, Marco 155
bottom-up 111-112, 179
Bovespa 71, 150-151, 157
Bradesco 46, 170
breakeven inflation 115
Bresser-Pereira, Luiz 133
Buffett, Warren 15, 23, 25, 32, 34-36
buy and hold 170-171
buy on the rumor, sell on the news 55
buy-side 41, 166

C
Cadidé, André 35
caixa 42, 118, 120, 127, 140, 142, 195
Caixa Econômica Federal 46
câmbio 49, 95, 135
Capital Asset Pricing Model 87, 161, 165, 180, 196
CAPM 12, 87, 161, 165, 180, 181-183, 189, 196
cara ou coroa 21, 23-25, 27, 38, 65, 68, 179
Carhart, Mark 182
Carry 187, 190-192
Carvalho, Mauricio Rocha de 131
Castilho, Edner 93
CDBs 113, 118
CDI 39, 45-46, 48, 51, 81-82, 118-119, 121, 125, 127, 134, 136, 138, 147-148, 152-153
César Filho, Gilberto 95
Chague, Fernando 168
Chemalle, Thierry 124
Cintra, Roberto 12, 69, 105, 135, 159
CJE 9-14, 201-202

CJE-FF 9-14, 201-202
classe de ativo 10, 41, 43, 48, 71, 78, 103, 106, 121, 124, 149, 157, 174-175, 184, 187, 190
Clube de Investimento 11
Cochrane, John 155
Columbia 23, 32, 34, 183
Columbia Business School 23
Comitê de Investimento 9-12, 168, 201
comprar no boato e vender no fato 55
conflitos de interesse 19, 111
construção de portfólios 19, 86, 99, 101, 156, 180-181, 188, 190, 193
Controle de Estresse 66-68
Core 124, 189
corralito 107
corretora 11, 46-47, 149, 155, 159, 166
Costa, Alexis Petri 95
Costa, Lucas 95
counteracting institutions 16
CRA 114
crédito 41-42, 46-48, 50, 77, 90, 103, 107-112, 114, 129, 147-148
CRI 114
crise de 2008 108, 124
custo 13, 28-30, 43, 59, 67, 82, 91-92, 94, 104, 109, 126, 131, 134, 146, 150, 158-159, 178, 182, 184, 188

D
Damodaran, Aswath 155
Dana, Samy 17, 105, 134
debênture 48
De-Losso, Rodrigo 101
derivativos 12, 68, 103, 128, 187
desemprego 59
disciplina de Preço 166
Distressed Assets 112
Distribuição Normal 71-72, 77, 80, 95

ÍNDICE

diversificação 28, 30, 33, 42-44, 58, 60-61, 66-67, 71-72, 74, 92-93, 101, 108-109, 124, 126, 160, 180, 187-189, 194, 202
dívida externa 49, 57, 107
dívida pública 59
Dividend Discount Model 155, 170-171
dividendos 13, 59, 104, 122, 157, 166-167, 170
Dividend-Yield 155
Dood, David 23
due dilligence 126
Duration 119-120, 138-141, 145, 149

E
eficiência de mercado 186
eficiência forte 37
eficiência fraca 37
eficiência informacional 37, 208
eficiência semiforte 37
eficiente 91, 199
emissor 110, 113, 142
endowment effect 178
endowments 66, 120, 122, 124, 174
Equador 107
equally weigthed 12
equilíbrio geral 131, 180
Equity Risk Premium 131
espectro de risco 39, 41, 44-45, 50
Esposito, Vinicius 12, 184
Estados Unidos 40, 79, 104, 117, 121, 124, 129-130, 132, 148, 150-152, 178
estratégia de investimento 27, 58, 61, 76
estrutura de passivos 99, 101, 129, 134, 136, 138-139, 145-146
ETFs 12, 43, 87, 156-158, 178, 187, 193, 195, 197
Europa 17, 40, 47, 50, 148
eventos extremos 152, 154, 178, 181

exuberância irracional 195
Eyll, Thierry 95

F
Fabozzi, Francesco 141
Fabozzi, Frank 141
Fama e French 12, 36-37, 182
Fama, Eugene 36-37, 182
fator de risco 35, 157, 184, 186, 189, 196
fatores comportamentais 185-186
fator Momentum 187
fator Qualidade 187
fator Tamanho 185-186
Feng, Guanhao 175, 183
FGV EESP 9, 10
FGVInvest 9-11, 13-14, 201-202
filosofia de investimento 39, 51
Finanças comportamentais 195
Fontes, Marilia 141
Franco Filho, Joaquim Severiano 12
Frazzini, Andrea 35
French, Kenneth 36, 182
fronteira eficiente 61, 91, 98, 101
Fundação Getulio Vargas 9, 201
fundo de investimento 14
fundos ativos 178
fundos de pensão 40, 120, 122, 174, 192
fundos de previdência 133
Fundos Imobiliários 124, 128
fundos passivos 156, 178

G
Gavekal Research 57
gestão 10-11, 13, 36, 45, 64, 93, 105, 109, 156, 158-159, 163, 175-176, 178, 185, 189, 193, 201, 203
gestor 35, 38, 56, 87, 109, 112, 126, 159, 160, 173-178, 192, 204
gestora 10, 38, 110, 112, 160-163, 169-171, 173, 177, 179
Giglio, Stefano 175, 183

Giovannetti, Bruno 168
Godoy, Gustavo 95
Google 27, 151
Graham, Benjamin 23
grau de investimento 107, 129
Grécia 107
Grothge, André 116
Guimarães, Bernardo 133
Guimarães, Paulo 78, 124
Guterman, Marcelo 17

H
habilidade 23-24, 31, 34-38, 65, 86, 88, 160, 177-179
Hedge Funds 44-46, 71, 124-125, 187
high grade 148
high yield 107, 113, 148
Holland, Márcio 95
horizonte de investimento 169-170

I
IBoxx Total Return 150
IFMM-A 45
Ilha, Hudson Fiorot 152
iliquidez 122-123, 125-126
indexado à inflação 12, 41, 72, 113-117, 121, 134-135, 147-148
indexador 106
índice de referência 193
índice de Sharpe 46
indústria de fundos 39, 44, 132-133, 157, 174
inflação 12, 41, 44, 59, 65, 72-73, 103, 113-117, 120-121, 127, 132, 134-135, 138, 147-148, 153, 186
inflação implícita 72-73, 115, 117
instituições neutralizadoras 16
instrumentos 17, 19, 21, 25, 85, 90, 92, 103-106, 113-114, 117-118, 120-123, 127-129, 131, 134, 148-149, 157, 164-165, 167, 178, 198
investidor americano 148
investidor brasileiro 17, 39-40, 42-44, 48, 50- 51, 108, 116, 149
investidores institucionais 47, 106, 110, 122, 174, 187
investidor europeu 50, 148
investidor internacional 40, 44, 49-50, 108
investidor latino-americano 17, 42, 50, 157
investimento em fatores 194
investimentos alternativos 103, 126, 187, 202
investimento temático 86, 193-195, 197
Investment Banking 111
IPCA 40
IRFM 45, 150
Itaú 26, 46, 170-171
Ivesson, Renato 95

J
Japão 40, 79, 117, 148, 154
Jensen, Michael 23
Jesus, Gustavo 118
Jogo de Macacos 21, 23, 25-28, 30-34, 37-38, 160, 179

K
Kanai, Daniel 37
Kernkraut, Arthur 116
key man 162, 168, 177
Kimura, Herbert 66

L
Leitão, Miriam 133
Leme, Ernesto 69, 135, 159
Leonard Mlodinow 36
Letras Financeiras 113
Lewis, Michael 15
Libor 48, 51, 94-95, 118-119, 121, 125, 127, 147-148, 152-153
Lintner, John 180
liquidez 13, 108, 117, 123-124, 146, 164, 169-172, 182, 189

live by the rumor, die by the rumor 57
Long & Short 43, 159, 164, 170-171
Longuini, Miguel 134

M
Machado, Maria Clara 133
Macro Global 190, 192-193
mandato 11, 13, 160, 164, 174
marcação a mercado 138, 141-142, 144, 146-147
marcação na curva 125, 138, 141-143, 145-146
Market for Lemons 15
Markowitz, Harry 31, 89, 156, 180, 184
Matheus, Giuliana 95, 131
maturidade 40, 41, 45, 73-74, 77, 80, 82, 104-105, 107, 114, 118-120, 122, 127, 130, 134-139, 141-146, 148-150
maturity transformation 145
MBA 34
megainvestidor 23-24, 34
Mello, Eduardo 95
Menconi, Denise 124
mercado de capitais 12, 47
mercado eficiente 181
mercado financeiro 9, 11, 15-17, 19, 21, 23, 26
mercado internacional 46, 199
Mercados Privados 169-170
Mercados Públicos 169-170
meta atuarial 40
México 107-108, 157
Miller, Merton 87, 180
mínimo risco 12
Mioto, Ricardo 17
Miranda, Felipe 17, 95
modelo de fatores 12, 181, 196
modelo de referência 196
modelo de três fatores 12
modelo multifatorial 180-181, 183

Modified Duration 141
Modigliani, Franco 87
moeda 24, 44, 56, 60-62, 68, 70-71, 95-96, 179, 191
moedas digitais 124-126
Momentum 165-166, 170, 182, 191-193, 196
Monforte, José Pedro 153
Mori, Rogério 133
Mossin, Jan 180
Motta, Fabio 184
Multimercados 39, 44-47, 51
múltiplos 155, 171, 181
municipal bonds 130

N
naive diversification 12, 30
Nakano, Yoshiaki 133
Nassif, Luiz 133
Nassim Taleb 36
Navas, Rafael 118
Nehmi, Ulisses 118
Neves, Pedro 101
Nikkei 154
NTN-B 72-73, 114
NTN-F 113

O
objetivos de investimento 89
Odean, Terrance 105
oscilação 54, 70, 73-74, 76, 78, 80-82
otimização de portfólio 12

P
Pacheco, André Sanchez 184
Padilha, Priscila 95
pagar demais pelo conforto 167
pagar pouco pelo crescimento 167
Passeri, Helena 42
P/E 65
Perera, Luiz Carlos 66, 108
perfil de risco 76, 83, 89, 98, 103, 188, 190

perfil de volatilidade 76, 83, 90, 102
Petrobras 26, 92-98, 105, 159
Plano Collor 50, 107
portfólio 1/N 12, 30, 33
portfólio acidental 18, 85-86, 89-91, 102, 158, 199
portfólio base 89, 97
portfólio concentrado 27, 31, 179
portfólio de mínima volatilidade 91
portfólio de mínimo risco 89, 91-102, 129, 131, 134, 136-139, 142-143, 149
portfólio de referência 32, 33, 34
portfólio de risco 89, 92, 95-103, 137, 149-150, 155, 158-159, 178, 181
portfólio diversificado 27, 71, 108, 110, 184
portfólio eficiente 33, 60-61, 85-86, 89, 91-92, 95, 97, 99, 101
portfólio estratégico 11
portfólio internacional 51
portfólio ortogonal 97
portfólio ótimo 30-31, 91
Portfolio selection 156
portfólio superdiversificado 27, 31-32
pós-fixados 12
Póvoa, Alexandre 155
Pragma Patrimônio 202
precificação 12, 19, 88, 105, 125, 155-156, 161, 166-167, 176-177, 180-182, 196, 202
preços 13, 47, 53, 74-75, 77-78, 115, 136, 146, 167, 172, 174, 176-177, 186, 190, 195
prefixado 79-82, 113-119, 130, 132, 135, 147, 148
prêmio 26, 95, 110, 116-117, 121, 125-126, 147-148, 151, 154, 178, 181-182, 184-185, 187, 189
prêmio de risco 26, 121, 125, 154, 181, 184, 185
prêmio de Valor 185, 189

Price-Earnings Ratio 65, 155
Private Banking 46
Private Debt 124
Private Equity 41, 71, 122-126, 143, 169
processo de investimento 101, 161-163, 169-171, 179
produtos estruturados 44, 47, 90
Programação Linear 91
projetos educacionais 9-10, 12, 14, 201
Public Equity 123, 126

Q
Qualidade 189, 196

R
Rangel, Armênio 141
rebalanceamento 67
rebates 46, 90, 158
Reino Unido 40, 79, 117, 130
renda fixa 13, 26
renda variável 12-13
repetibilidade do desempenho 162
retorno esperado 28-31, 63, 71, 91-94, 96-98, 103, 114, 117, 120, 123, 127-128, 131, 136-137, 148-149, 151, 178, 180-181
retorno excedente 36-37, 126, 180-181
Rezende, André Lara 133
risco 9, 16, 18-19, 26, 92
risco cambial 133
risco de iliquidez 189
risco de mercado 50, 180, 187, 196
risco específico 60-61, 66, 71
risco fiscal 133
risco idiossincrático 60, 66, 71, 121, 181, 189
risco não sistemático 180
riscos ocultos 19, 90, 158
risk parity 12
Rochman, Ricardo 17
Rosito, Guilherme 37

Rosseti, Glenda 42
Ross, Stephen 181
rumor 39, 49, 51, 58
Russel 5000 41
Rússia 107-108

S
salário 59
Sampaio, Hermes 105
Sandler, Carolina Ruhman 105
Sandoval, Daniel 168
Santander 46
Santos, José Carlos Souza 141
Sanvicente, Antonio Zoratto 131
Satellite 189
Securato, José Roberto 108
Security analysis 23
sell-side 41, 166
Separation Theorem 87, 99
Série de Taylor 139
Setor Imobiliário 41
Sharpe, William, 23, 180
Shiller, Robert 195
Shreve, Steven 68
sistematicidade 67, 167, 169, 172-173
Small Caps 123, 157
sorte 17, 21, 23-25, 27, 29, 31-32, 34, 36-38, 83, 86, 119, 154, 159-160, 163, 178-179
S&P500 34, 150-152
spread 48, 107-108, 131
start-ups 27
stock-pickers 43
stop-loss 191
Suen, Alberto 66
superávit primário 59
survival bias 163

T
Tamanho 165, 182, 187, 189, 196
taxa de juros 40, 50, 79
taxa de juros real 50
Tenani, Débora 105

Tenani, Paulo 69, 135, 153, 159
Teorema da Separação 99
Teorema Modigliani-Miller 87
Teoria da Precificação por Arbitragem 181
Teoria do Portfólio 31, 65, 87, 156, 184
Teoria dos Mercados Eficientes 35, 87
Teoria Moderna do Portfólio 63
Tesouro Direto 134, 149
Tesouro Nacional 113, 143
The Parable of Money Managers 23
títulos soberanos 77, 107-108, 113, 129, 134, 138-139, 145, 148
tomar risco de graça 19
Tom Jobim 21
top-down 112, 172
Treynor, Jack 180

U
Universo de Investimento 164

V
Vale 26, 92-94, 96-98, 171
Valor 182
Value 34, 66, 123, 173, 185
Value Investing 34
VAR 66-68
Varanda Neto, José Monteiro 130
Venture Capital 123, 169
Vieira, Gabriel 125
viés 21, 25-26, 33, 162, 166, 168, 172, 175-177, 186
vieses comportamentais 166, 168
Villares, Caio Weil 14, 69, 135, 159
viva pelo boato, morra pelo boato 57

X
Xiu, Dacheng 175, 183

Z
Zona do Euro 79, 117
zoológico de fatores 183, 196

Impressão e Acabamento:
GRÁFICA E EDITORA CRUZADO.